オーラを美しくすると成功する

愛とお金と縁に恵まれる
「美オーラ」習慣のすすめ

九重《ここのえ》友美《ともみ》 著

今日の話題社

はじめに

はじめまして。私は、長崎市出島を拠点に「美オーラ・クリエイター」として活動しています。

2006年6月より世界有数の透視能力者の一人、レバナ・シェル・ブドラ先生から13ヶ月間、透視能力スクールにてオーラを学んだことがきっかけで、オーラの世界に魅せられました。

スクールに通いはじめの数か月間はなかなか厳しいレッスンでしたが、しだいに課題をクリアして、卒業する数か月前には、長崎の眼鏡橋のすぐそばで、ヒーリングショップとサロンが一体になった路面店をオープンできました。

そのお店のオープンまでの道のりは、スクールで習得した技術を駆使したおかげで、ドラマティックな展開でした。

何にもないところからのスタートでしたし、その頃はヒーリングショップなんて「眉唾もの」と見られていましたから、どうなることかと心配しましたが、おかげさまでオープン初日からお客様にお越しいただくことができ、その後も、宣伝することなく口コミで県外からもお客様にお越しいただきました。

ほかにも、スクールで学び得た技術を使うことで、たくさんの夢を叶えてきました。

とくに、物質面では恵まれており、40歳までには、好きな時に好きな国へ行き、好きなブランド物を手にし、自己所有のマンションやビルを所有することなどが、叶えられました。

実は、これらのことを実現できた基礎にあるのは、「オーラのゴミを取り、美しく輝かせる」というシンプルな考え方です。

そして、前述のスクールで学んだことに、自分自身の体験とアレンジを加えながら、私の受講生の皆様が理解しやすく使いやすい方法を作っていきました。その方法を取り入れた受講生様たちは、次々に夢を叶え、自分の理想の人生を幸せに歩み続けています。

オーラは肉眼では見えませんが、肉体と同様、一生を共にする大切な相棒です。オーラは誰にでもありますが、「あの人はオーラがある」と言われる人に共通しているのは、オーラが美しく輝き、透明感があり、爽やかということ、そしてその方のお肌など実際の姿形にも良い影響を与えているということです。あなたも、ご自身のオーラを理解し、愛しみ、お手入れを続けていけば、オーラの質感や運気が高まって「美オーラ」となり、愛にも、お金にも、縁にも恵まれる、理想の人生を生きていくことができるようになります。この「美オーラ」についてお伝えしたいと思い、この本を書きました。

この本を手にしてくださったあなたは、その方法を知り、取り入れることで、「今すぐに」理想のあなたを生きはじめることになります。

私でもできました。だから、きっとあなたもできるはず、と信じています。

「美オーラ」人生で、私は生まれ変わりました。

まだまだ成長途中ですが、ご縁あるあなたにも、さらに幸せで理想的な人生を歩んでいただけましたら幸いです。

ぜひ、ハートを開いて、ワクワクとともに読み進めてください。

２０２０年　吉日

九重友美

目次

第5章　オーラに良い影響を与えながら運気アップ　159

第1章　ようこそ、オーラの世界へ

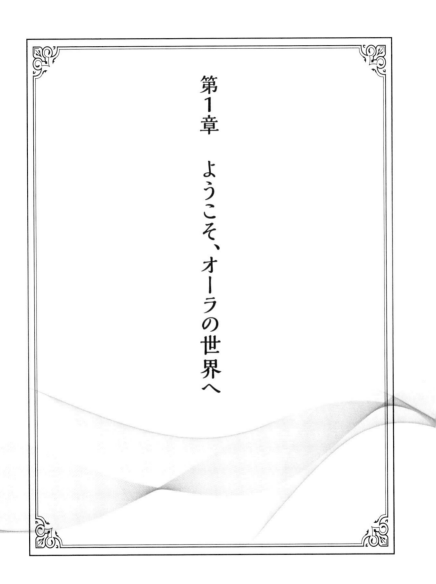

1 私がオーラに出会うまで

これからオーラのことをお話ししていく前に、ご参考になるかと思い、私が本格的にオーラに出会う前のお話を少しさせてくださいね。

私は、幼少期より、シックスセンス（第六感）は発達していたと思います。小学生の頃、クラスメイトの女の子に、霊的能力を伝授してもらったことで、いろんな霊体験をしましたが、常に、恐怖心と隣り合わせでした。

20代の頃は、今思えば、修行のような期間だったかもしれません。今は亡き父の小さな会社が倒産し、借金返済の手伝いをしたため、30歳になるまでは、夜のお仕事を余儀なくされました。

当時は、今のように夜のお仕事についてオープンではありませんでしたし、もともと敬虔なクリスチャンの家庭で育った私は、当時の環境の自分を卑下する、ネガティブ全開だったのでした。

ですが、人様との出会いにはものすごく恵まれており、たくさんの素晴らしい方々に可愛がられながら、育てていただきました。

おかげさまで、29歳までに約1千万円の借金を返済し終えた時には、百万円の貯金を持っていました。

そのタイミングで、長年のお客様より、あるビルのオーナーご夫妻を紹介いただき、資本金は百万円もかからずに、小さいですが自分のお店を持つことができたのです。

30歳から、私の起業人生が始まりました。

しかし、お店の開店直後、父の癌が発覚し、闘病生活を支えることになります。

正直、思うように進まない現実を前に、長女の私に、与えられた宿命を恨んだこともありました。

少し話が前後しますが、28歳くらいの頃でしょうか。借金返済の生活が続き、友人たちは結婚していく中、自分の明るい未来が見えなくなっている時に、私は神様に、心からお願いをしたことがあります。

「神様。私は、結婚できなくても構いません。でも、お金のことで苦労をするのは、もう本当に苦しいので嫌です。どういう形でも構いませんので、私を助けてくれるような人を与えてください」

この話は、たった今、初めて書きましたが、当時は、本当に心からお祈りしたのですよ。

その後、神様は、本当に願いを叶えてくれました。それからご縁をいただいた男性は、二人いて、どちらも誠心誠意、私を助けてくれましたが、結婚という形で結ばれることはありませんでした。

父の話に戻しますね。2年間の闘病後、父は他界しました。実は、その半年前に、元恋人が他界しています。私を助けてくれた一人ですが、病気で、45歳という若さで他界しました。

その彼の一周忌の日の夜中に、忘れられない神秘体験があったのです。

いつものように自分の部屋のベッドで休んでいると、「とも」と、元恋人の声で呼ばれ、目を覚ましました。すると、部屋中が、昼間と見間違うほどの光に溢れていました。カーテンの隙間から、眩いほどの光が入ってくるのです。私はすぐに、彼がここまで来ているのだと気がつきました。

しかし怖がりの私は、「悪いけど、今、会う勇気がないから帰って」と言い放ってしまったのです。

すると、部屋が一瞬で暗闇に戻ったのですが、それから2年ほど、ポルターガイスト現象に悩まされることになりました。

藁《わら》をもすがる思いで、お寺の住職にお経を上げてもらったり、ご祈祷や、霊能者に会いに行ったり、いろんなことをしました。

結果的には、ある人のアドバイスで、彼への「感謝の手紙」を書いたことで終息します。

ある夜、心を込めて書いた感謝の手紙を、ドレッサーに置いて休みました。夢には、真っ白い紙が出てきました。そこへ、誰かが、黒いペンで「ありがとう」とサラサラと書き終えた瞬間に、目が覚めたのです。夜中でしたが、以前ほどの恐怖はなく、涙が止まらなかったことを覚えています。

その後、しばらくして、不思議な流れで、前述したレバナ先生とのご縁をいただき、透視能力スクールに入ることになりました。

初めて触れるオーラの世界は、魅力的で、ワクワクに溢れていました。13か月間、毎月2回東京へ通い、学び、自宅で復習する時間が楽しくてたまりませんでした。

こうして、2006年6月から、私の美オーラ人生が本格的に始まりました。

スクールで習得したスキルと、これまでの体験を交えながら、美オーラメソッドが出来上がったのです。

長くなりましたが、「はじめに」で「美オーラ人生で、私は生まれ変わりました」と書いたことにつながる流れをお伝えすることが何かのお役に立つのではないかと、思い出話を書かせていただきました。

2 オーラって、何？

「オーラ」という言葉は、以前は神秘的なイメージでしたし、知らない人も多かったものですが、今では、「あの人はオーラがある」というふうに、普通に使われていますね。

もちろん、特定の人だけでなく、あなたにも、すべての人にも、オーラはあります。

オーラが見えるという人もいますし、見えると楽しいものですが、見えることそのものは重要ではありません。

目には見えなくても、実際に感じることはできるのですよ。

オーラとは、肉体を取り巻く、目には見えない「生命エネルギー」のことです。

オーラは、あなたが生きている間はずっと、肉体や「スピリット」とも連動して、動き続けています。潜在意識と同じように、善悪関係なく、エネルギーを蓄える習性があります。そして、すべての情報を蓄えています。同時に、無限の可能性も秘めています。

オーラの状態は絶え間なく変化しています。もちろん、動きに個人差はありますが、常に、瞬時に変化し続けています。

ベースとなる色があったとしても、生きているあいだ、一つの色であり続けることはまずないのではないでしょうか。少なくとも、私自身は、ずっと同じ色で同じ状態のオーラの人とは、出会ったことはありません。

オーラが持つ情報からわかるのは、現在のことだけとは限りません。たとえば、人は、体調を崩す時があります。体調を崩してからオーラが悪くなるわけではなくて、先に、オーラの方に前兆のサインが現れます。オーラに傷がついたり、理想の形から逸れたり、ネガティブに感じられる要素が増えたりなどのことが積み重なって、オーラの動きが悪くなり、体調にまで影響を及ぼします。

まだこの本を読みはじめの方には信じられないかもしれませんが、このサインにいち早く気付いて早期のケアをすることで、大事を防ぐことができるのですよ。

病気のサインは様々ですが、それを見逃さず対策を講じることで、大難を小難に抑えることが可能なのです。私自身、その経験がありますが、私の妹にも、6年前に不思議なサインが2回あり、脳腫瘍を発見することができました。

脳は、頭蓋骨の容積の問題で、腫瘍が大きくなると手術ができなくなります。ですから、腫瘍が小さいうちに早期発見できたのは不幸中の幸いでした。

担当ドクターによれば、そのサインは症状に関係ないと言われましたが、私としてはそのサインが教えてくれたおかげと感謝しています。


このサインにいち早く気付くためには、普段から、「自分とのラポール」を築いておくことが大切です。

ラポールとは、心理学用語で「信頼の架け橋」という意味です。

自分自身とのラポールを築くメリットは、他にもたくさんあります。別の項に詳しく書きますが、自分を知ることが、そのはじめの第一歩になります。

ところで、オーラの持つエネルギーは、伝染します。たとえば明るくて楽しい人のそばにいると、楽しくなりますよね。反対に、イライラしている人のそばにいると、イライラし始めたりしませんか。これは、オーラに反映されている感情エネルギーが伝染した結果なのです。

ということは、よりよい人生を歩むためには、いつも素敵なエネルギーを持った人とお付き合いするような環境が重要だということになりますね。

さて、オーラについて、基本的なことをまとめておきましょう。

オーラとは、すべての人が持っている「肉体を取り巻く生命エネルギー」です。

この生命エネルギーには、すべての情報を蓄えています。

同時に、無限の可能性も秘めています。

そして、絶え間なく変化していくものなので、自分自身でケアすることもでき、上級者になると、自分のオーラをカスタマイズすることもできるのです。

オーラが際立つと、引き寄せるパワーが強くなることはもちろんのこと、引き寄せるエネルギーも変化します。やり方しだいで、理想の人生を歩むことも可能になるのですよ。素晴らしいでしょう？

オーラは、肉体と同じで手入れをし続けることで輝き続けます。この本では、オーラケアのメリットや方法をたくさんお伝えしいたしますね。

3 自分とのラポールを築く

前項でお伝えした「ラポール」とは、もともと心理学用語で、セラピストとクライアントの間で互いに信頼し合い、安心して感情の交流を行うことができる関係が成立している、心的融和状態を表す言葉として使われます。

つまり「自分とのラポール」を築くとは、簡単に言うと、「自分軸」の確立ということです。

オーラは、目に見えないエネルギーということもあり、私がオーラのことを知った2006年当時は、まだまだ知られていないものでしたし、オーラについて、まともに語ることは、かなり「ヤバイ人」という印象だったと思います。

おまけに、当時のパートナーは精神科医。近い領域のようで対極にいる彼に対してプレゼンするのは、相当なプレッシャーでした。ですが、そのおかげで、常に地に足のついた感覚で活動を続けられたことは、今となってはかなりプラスになったと思っています。

そうは言っても、当時、まだ今のように一般的でないオーラについて伝え続けるためには、オーラを心から信じ、自分とオーラを一体化させなければ、到底できなかったことでした。どんなことがあっても、オーラを信じている自分を認め、信じ、「自分軸」を確立すること。

今でこそオーラについて自信を持って話している私ですが、最初からそうだったわけではありません。

透視能力スクールに通った13か月間で、私は内なる神（＝自分）を目覚めさせました。しかし、よくよく考えてみると、目覚めの瞬間は、スクールに通う以前の過去の辛い時期にも、何度も訪れていました。ですが、それに気付くことができず、もし何となくわかるような感覚が来たとしても、自分自身をそこまで信頼することができなかったのです。

さて、ここで質問です。

あなたは、自分のことが好きですか？

あなたは、自分がどれだけの価値ある存在か、把握していますか？

あなたは、どれだけ自分のことを信じられているでしょうか？

この質問の全てに、「YES」で、「具体的に」答えられたなら、それは素晴らしいことですよ。

でも、実は、こうして本を書いている私でも、今でも時々、これらのことを忘れそうになることがあります。そんな時は決まって、自分を責めたり、自分自身への評価が低くなって、無価値に感じたり自信がなくなったりしている時です。

その時はモヤモヤしていても、この不快な感覚を味わった後には、ふたたび自分を客観的に見て、体制を建て直すようにしています。

この時に自分のオーラを観察すると、たいていは自分とのラポールが脆くなっているものです。何らかの原因で、自分と繋がることができていない状態なのです。

その原因のほとんどは、傷ついた時、悲しい時、後悔した時などに「ネガティブエネルギー」に心を占拠された時です。

さらに、そんな自分のことは棚に上げて、そうなったことを外的要因、つまり他の人のせいにして、被害者意識に傾いていることがほとんどです。

この状態になってしまった時の解決方法は、まずは、そんな自分に気付くことです。気付くだけでいいのですよ。ただただ、気付いてあげることが大切です。責めることも、怖がることも、慌てる必要もありません。

「あっ、そうか。今、私は、自分から離れていたからこんな気分になっていたんだね。そろそろ、戻ろう」と。

戻るとは、「自分軸」に戻ればよいのですよ。

自分軸からズレたらまたそこに戻る。それを繰り返すうちに、だんだん、自分とのラポールが強くなっていきます。

自分とのラポールが強固であれば、少々のことでは揺らがなくなっていきます。不本意な出来事が起こっても、客観視できるし、すぐに考えを切り替えることができるのです。

どうしてそんなことが起こるのか？

それは、あなたの心の中には、「内なる神」が住んでいるからです。

「神」というと、神社仏閣に祀られている存在を思い出すでしょう。ですが、私たちの内側には、誰しも、崇高な神的な部分を持っているのです。

「鏡に映った、自分の中の我《が》を取れば、神になる」という話を聞いた時に、私は鳥肌が立ちました。

実際に、「かがみ」の中の文字である「が」をとれば、「かみ」になりますね（かがみ－が＝かみ）。

あなたも、自分の「内なる神」の存在を信じてください。それは、自分自身を信じることそのものになっていきます。どんな自分でも「崇高な魂」を持っていることを理解できれば、自ずと言葉や行動が変化します。

あなたの中の「光」を際立たせる大きなポイントとなりますよ。

4 オーラは生命と運命の共同体

オーラは、肉体の周りを取り囲んでいる生命エネルギーです。

理想的なオーラとは、卵型の形をしており、頭から足まで、すっぽり包み込んでいます。

その周りは滑らかで、ほころびは無く、透明感があります。

色合いは、高次元を思い起こさせるような宇宙のゴールドのエネルギーと、マゼンタカラーの愛のエネルギーに包まれ、安心・安定・安全を感じることができています。

この状態は、誰でも作ることができますが、理想のままの状態を保つのは難しいことです。

でも、日々、気付いた時、もしくは、朝と晩の2回だけでも、オーラケアをして、この理想的なオーラの状態を作ることを習慣にしていると、あなたの外見の輝きはもちろんのこと、引き寄せる状況もぐーんと良い方へ変化するのですよ。

オーラは、あなたが生まれた時から死に至るまで、あなたと共に存在しています。

肉体は「魂の乗り物」と言われますが、オーラは、その乗り物を守り、活性化させる存在と言えるでしょう。

ですから、オーラのケアは必要なのです。

暴力は肉体を傷つけますが、言葉の暴力は、心だけでなくオーラも傷つけることになります。

言葉の暴力が続けば、次第に心は病み、気力が落ちていきます。オーラを観察すると、ナイフが何本もオーラに刺さっているような状態に見えます。

実は、自分がネガティブに思っていることが、オーラの状態に作用して、ネガティブな現実を作り出していることがあります。

例えば、私は、子供の頃、よくいじめられていました。その頃のオーラを思い出すと、いつも「また明日も、いじめられる……」という、不安のエネルギーでいっぱいなのです。結果的に、次の日にいじめられることになりました。

また、よく怒られる人のオーラには、「周りはみんな意地悪だから、また、私は怒られるかもしれない」というエネルギーが溜まっていることが多く、それが現実となり、また怒られてしまうのです。

パートナーに浮気されたことがある人は「また浮気されるのではないか……」という不安のエネルギーを持っています。それをかき消すパワーの方が勝《まさ》っていれば大丈夫なのですが、不安が大きくなれば、同じ状況が繰り返される可能性が高いのです。

これらの例に共通することは、すべて自分の思い込みで、エネルギーを作り上げているということです。

自分の思いを変えるのではなく、相手を変えようとすると、望む結果を手にすることはできません。ネガティブな思いをかき消すパワーにプラスして自信を持つことができれば、望まない現実が起こる可能性は低くなります。

私は、ネガティブな思い込みを「オーラのゴミ」と呼んでいます。毎日、お風呂に入って汚れを落とすように、オーラからもゴミを取り除いてあげる必要があるのです。

オーラは肉体と同様、一生の友です。オーラをケアすることで、視界は明るくなり、頭は冴えわたり、若々しく過ごすことができます。

不思議なことに、オーラケアを始めると、肉体へもポジティブな影響を及ぼすので、外見も美しくなっていくのです。

そして、パートナーがいる人は、パートナーがご機嫌になっていくのがわかりますよ。セックスレスが解消されて夜のコミュニケーションが復活した人もたくさんいらっしゃいます。それは、あなたのオーラが、心地よいものに変化するからです。

人を変えることはできませんが、自分のオーラを変えることで、自分にも、周りにも、良い影響があるなんて、本当に素晴らしく、ワクワクすることではありませんか！

5 オーラは情報の宝箱

オーラの性質について考える時、潜在意識のことを思い出します。

実は、オーラと潜在意識は、とてもよく似ているところがあります。

例えば、何でもストックしていく性質を持っているのがそうです。善悪などの区別なく、溜めていきます。

そして、これまで蓄えてきた感情、考え方、行動、過去の成功や失敗のパターンなど、すべてを記憶しています。


ちなみに、オーラから情報を読み取るリーディングの時には、オーラに蓄えられているすべての情報を読めるわけではありません。近い過去の情報は比較的読みやすいのですが、当人が読まれたくないことは、読めないようになっていますので、ご安心くださいね。

自分のオーラは、きちんと自分で管理し、守っていくことが大切です。そのためにも、自分の一番の理解者になり、信頼関係を築くことが重要になってきます。

また、オーラは、環境の影響を強く受けています。様々なエネルギーを吸収しているので、普段、どんな人と接し、どんなものを好んでいるのかなどの生活感も出てしまいます。つまり、その人となりが、オーラにしっかりにじみ出ているのですよ。

例えば、大金持ちで裕福な暮らしをしているけれど、常に不要な物が溢れ、管理できていない人のオーラには大きな荷物の映像が見えたり、本人がいつも不足や不満感を持っていれば、そのネガティブなエネルギーがオーラに現れてイライラしていることなどもわかってしまうことも多くあります。

反対に、裕福でなくとも、自分のことを理解し、住まいも整理整頓がなされ、いわゆるミニマムな暮らしをしている人のオーラは、とても淡白な印象を受けます。感情の処理も片付け同様、上手なのでしょう。

ちなみに、この例え話は、単に、オーラの状態を説明しただけであって、どちらの暮らしが良いとか悪いなどのお話ではないですよ。

私個人は、物質欲が強い方ですし、美しいものをそばに置いておきたいタイプなので、ミニマリストになることを考えたことはありません。

ただ、机の上はスッキリさせた方が、頭も冴えるし気分が良いので、そうできるよう心がけています。

要は、あなたがどのような環境で過ごすことが好きなのか?を把握しておくことですよ。

美オーラ人生を送る最大の秘訣は、内面も環境も含め、自分のことを把握することから始まります。

そして、オーラに蓄積されたエネルギーを適切に処理してオーラの動きを軽くし、常にオーラを活性化することで、美オーラ人生をより充実させられると断言できます。

6 オーラは自由自在に操れる

オーラは、あなたが生きている間、絶え間なく動き続けています。

理想的なオーラは、卵形で、頭から足まですっぽり包み込み、中庸でクリアな状態とされます。

活発なオーラがあれば、停滞しているオーラもありますし、生まれ持った性格とリンクしている部分も多いのですが、後天的にオーラを変化させることは、誰でもできます。

本来、オーラは、誰でも、必要に応じて、自由自在に操ることができるものなのです。

影響力のある人のオーラは大きく、どこまでも伸びていきます。過去生での活躍ぶりなどの影響も大きく関わっているそうです。ちなみに、イエス・キリストのオーラは、地球の裏側まで伸びていたとか。今では確認することは不可能ですが……。

芸能人や有名人で、仕事とプライベートのオーラを使い分けている人は多いようですよ。華やかなので隠しきれない部分はあるようですが、オーラを小さく、コンパクトにしている人を見かけることがあります。

実のところ、オーラが大きければよいわけではありません。確かに、大きく活発で華やかなオーラの人は、リーダーシップに優れていたり、人を惹きつける魅力をお持ちです。しかし、年がら年中そんなオーラでいたら、気が休まる暇がありませんよね。

ですから、オーラも、オンとオフを使い分けてよいのです。

あなたも、ご自分のオーラと触れ合うことを心がけるだけで、オーラを自由自在に操れるようになります。

自宅でリラックスしている時のオーラ、仕事の時のオーラ、デートの時のオーラなど、使い分けができれば、楽しくありませんか？

その気になれば、すぐに美オーラ生活を始めることが可能ですよ。

7 叶えている人ほど、見えない世界に関心が高い

私がヒーリングショップ&サロンのお店を始めた、2007年頃は、「スピリチュアル」や「オーラ」の情報はまだ少なく、その言葉自体も一般的ではありませんでした。

外でお茶しながら普通にできる会話の内容ではなかったようで、ヒーリングショップには、そんな話をしたいお客様が多くお越しくださいました。

意外かもしれませんが、サロンでのオーラ鑑定セッションにお越しになる方は、学校の先生やお役所勤めの公務員を始め、看護師さんなどの医療従事者も多かったのですよ。また、ご主人様が病院やクリニックを経営されている奥様方も多くいらっしゃいました。

皆さんに共通していたことは、公言はされずに秘密でお越しくださっていたことです。

一般的にはあまり歓迎されないスピリチュアルな話ができることや、オーラについて学べることを、とても喜ばれていました。

なかには「ここは誰にも教えたくない、大事なお店なんです」と言われるお客様もいらっしゃいました。とても嬉しい言葉ですが、私の夢は、当時から今も変わらず「美しいオーラ」の女性を一人でも多く増やしていきたいことですので、本当は、口コミで、美オーラの素晴らしさがどんどん広まって欲しいと密かに願っていました。

そうは言いながらも、時が経つにつれ、ご主人様とお二人で鑑定へお越しになるご夫妻も増えていったのですよ。

自分の人生についてのことや、夢の実現を、本気で考えている人ほど、目に見えない領域を大切になさっているようです。スピリチュアルへの関心が高く、自由に取り入れる印象が強いです。

人は一人では生きていけません。夢を叶えるためにも、信頼できる仲間がいることほど、心強いことはありませんね。

心強く素敵な協力を得るためには、実は自分のオーラの質を上げていくことが近道なのです。

「波動の法則」といって、自分の発している波動と同質のものを引き寄せる法則がありますので、自分のオーラの質を高めて波動を上げていくことにより、引き寄せる人脈や現実を変化させることができるのです。

波動とは、その名の通り「波の動き」です。

物理学の用語を入れて書こうとすると少し理解が難しいので、私なりの言葉でご説明しますね。

まず、川など水がある場所をイメージしてみてください。

さらさらと流れている時は、水は透き通っていて綺麗ですが、滞ると、水は淀んで汚くなりますね？

悩みが多く、気持ちが沈みがちな時は、心と体に、まるで重りをつけられたように重たく感じませんか？

そんな時のオーラの動きは、滞っている状態なので、オーラエネルギーの波動がどんより重たく停滞し、何となく不調を感じると思います。

オーラは、肉体を取り巻いているエネルギーなので、波動が軽やかなほうが、心と身体はご機嫌です。


この世の法則で、軽いほど上に上がる性質があるように、オーラにも同じことが起こります。

例えば、ゴチャゴチャと物が多いお部屋だと、仕事や勉強がはかどりません。

しかし、スッキリ整理整頓された部屋だと、気持ちが前向きになりませんか？

結局、余計な物やエネルギーがないほど、見通しがよく、動きが軽くなるということになります。


類友の法則（類は友を呼ぶ）があるように、軽やかなオーラには、同じような軽やかなオーラの人や情報、出来事が寄ってきます。

軽やかなオーラの人は、シンプル思考で感情の処理も速いのです。

だから、その人に触れてこちらがポジティブに感じる影響を受けやすいのですよ。

このように波動はとても大切なのですが、自分次第でどうにでも変化させることが可能ですから、「今こうだからダメ」「こうでなければならない」という思考に凝り固まらないようにしましょうね。

オーラケアをし、オーラを美しくして、波動を上げていく目的は、自分の人生をより良いものにしていくためです。

オーラケアが当たり前になると、良い波動が自然と周囲に伝染していきます。

あなたの発したエネルギーが周りに心地良い形で伝われば、あなたの影響力が出てきます。

リーダーシップを取る立場の人は特に、良い波動で巻き込む影響力を身につけることをお勧めします。

私は、世の中の女性たちを対象に「美オーラ」をお勧めしています。女性を対象にする理由は、女性の方が飲み込みが早いのと、女性が修得してからパートナーの男性に良いオーラを伝染させてくれれば、全てが良くなっていくと考えたからです。

男性は、基本的に小言を言われるのが苦手なので、細かく指示していくよりも、ポジティブなエネルギーで満たしたオーラと母性で包み込むイメージで接すると、自然な形で良い変化が期待できるでしょう。

このことを理解して実践していくと、パートナーとの関係は、どんどん良くなりますし、パートナーも本来の男性としてのパワーを発揮できるようになりますよ。

第2章　オーラを輝かせるための準備

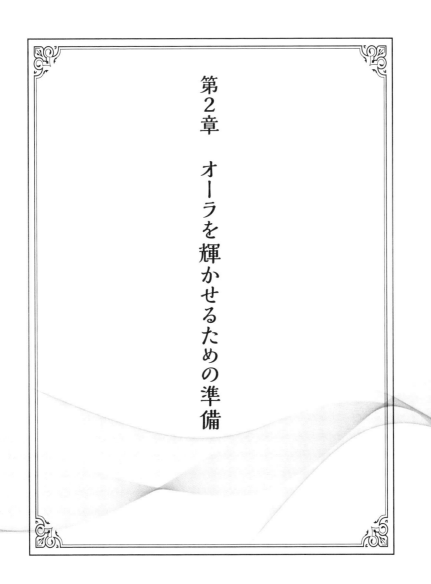

1

あなたは、世界でたったひとつだけの価値ある存在

まだちょっと信じられないかもしれませんが、**あなたの目の前で起こっている現実は、あなたの思考・感情・行動という、あなたが発信しているエネルギーの影響で起こっていること**です。

この「自分が現実を作っている」という考え方を突き詰めていくと、自分が自分に対してどれだけの肯定感と愛情を持って接しているかで、人様からの対応も変わるということにもなります。

さらに言えば、他人に対して深い愛情を注ぐ前に、まずは自分に対して愛情を注ぐことが先ということになるのです。

つまり、自分を深く愛して、どんな自分であっても受け入れることで、結果的に、人から愛される人間になるのですよ。

そうは言っても、私自身、ネガティブな現実と向き合っている時など、頭で理解していても、なかなか納得いかない気分になるのも確かですし、納得いかない時間が長くなるほど、良い状態に切り替わるまでに、時間がかかります。

例えば、失敗しても「次、行こう！」と素早く心を切り替えて、気持ち新たに行動できる人は、実は、他人や他の物事に対しても、切り替えが早く、いつまでもこだわって先に進めないということはありません。

感情のエネルギーは、他人にフォーカスしすぎるほど、煙たがられる傾向にあります。「愛情」という感情は、本来はポジティブなものですが、度を越せば重たすぎてそれ以上は受け付けたくないものになりませんか。

自分の感情の動きを、冷静に適切に扱えるようになるまでは、その矢印は、他人よりも自分に向けましょう。

まずはあなたが、自分自身をたっぷりの愛情で満たすのです。あなた自身が、どんな自分であっても受け入れて高く評価することがとても大切です。

自分に対して持っている「自己評価の高低」により、他人からの接しかたが変わることは多々あります。だから、自己評価を高くするための工夫は、とても大切なことなのです。

個人的な話になりますが、私はよく「華やか」と言ってもらうことが多いのですが、実は、外見の印象ほど、自信は持てていない方だと感じています。そう言うと、ほぼ、意外だと驚かれますが……。

子供の頃は、もっとのびのびしていました。それは、母のおかげだと思います。母は、よく褒めてくれました。こちらが恥ずかしくなるくらいに、子供に対する愛情をきちんと表現する人でした。ただし、「父のいないところで」と言う条件付きです。

父は、母とは正反対に、厳格な人で、褒めることはおろか、父が他界するまで、私と父の間から、確執のようなエネルギーを取り去ることはできませんでした。

さらに、社会に出てから、自分の考えを否定されるような場面が続きました。

これは、一見、否定する相手が悪いようですが、人生という物差しで見ると、実は、単なる試験のようなものに過ぎないのです。しかし、二十代の幼い私には、そんな考えは、よぎりもしませんでした。

社会人になり、環境が変わり、それまでの考え方が、あまりにも甘かったと気付かされました。父とのわだかまりも深くなるばかりで、常に自責の念にとらわれていたように思います。他の章にも書いているように、自分の身を置く環境は、とても大事です。

オーラに携わって13年間、研究してきて自信を持って言えることは、オーラにとって、不要なエネルギーの代表は、「罪悪感」と「自責の念」だということです。

これらのネガティブなエネルギーにとらわれ続けてしまうと、自分自身に対する評価は、どんどん下がってしまいます。

そんな時に、自信を持てと言われても、かえって腰が引けてしまうものです。頭では理解できても心がついて行かず、ひどい時には、そのまま自分の殻に閉じこもってしまうこともありました。

殻に閉じこもると、なかなか抜け出せません。なので、普段から、自分の長所を把握し、つまずきそうになった時には、自分の良いところを思い出し、気持ちを立て直すのです。

自分一人でできない場合は、家族や親友に、自分の長所を聞いてみるのがオススメです。

身近に、そんな人がいない場合は、褒めるのが上手なカウンセラーや、長所を引き出してくれるコーチにたずねる方法もありますよ。

素敵なあなたには、どんな時でも、絶対に忘れないでほしいことがあります。

「あなた」という存在は、世界にたったひとりの価値ある存在です。お顔も性格も考えも、丸っきり同じ人はいないのですよ。

よく考えたら、すごいことだと思いませんか？

だから、あなたの人生の主役はあなたなのです。

あなたが、自由に、楽しく、理想的な人生を創りあげてよいのです。

2 「どうせ私なんて」は、もう卒業

私が本格的にスピリチュアルについて学び始めたのは、第1章に詳しく書いた「神秘体験」からでした。

オーラの理解、エネルギーの法則、宇宙レベルの考え方、宇宙の法則、夢を叶える方法などなど……。

それまで全く聞いたことのない話ばかりで、自分の中へ落とし込むまでに、時間のかかるものもありましたが、おかげさまで、仕事や実生活で使えるレベルまで成長し、こうして本に書く機会までいただけました。

現代は、情報が豊富で便利になりましたが、情報過多で展開も早い時代でもあるので、自分の軸をしっかり持っていないと、結局は流され続けて、時間やお金を無駄にしてしまうことも少なくないと感じています。

特に、スピリチュアルのように、目に見えない世界を好きな人は、ふわふわとした感覚がお好きで現実からかけ離れてしまう人も多いように見えます。

また、最近のスピリチュアルの世界で言われている説によると、これからの時代は、自分の選んだ世界によって、交流する人が限られてくると言われています。運命の出会いがあるかと思えば、互いの波動がかみ合わなくなって会えなくなってしまう人もいるといった、まるで路線が分かれていくような流れが始まっているとのことです。

実際、私も、ここ数年間でそのような体験をしています。例えば、深いご縁だと感じていた人であっても、「卒業」という形で、それぞれの世界へ分かれていったことなどです。

これから先は、各個人が、自分の人生のドラマの監督であり主人公でもあることを思い出し、自ら自分のドラマを創り上げていく感覚で生きていくと、より理想的な充実した人生を送ることができるのではないでしょうか。

そのためには、「どうせ私なんか……」という思いは、速やかに手放すべきです。

どうか、思い出してください。

自分の人生の主役は、あなた自身だということを。

大好きなお父さんでもお母さんでもなく、愛する夫でも彼氏でもなく、尊敬する先生でもなく、「皆と一緒なら安心」という仲間意識でもありません。

あなたは、どんな自分で、どんな世界を、どんなふうに生きてゆきたいですか？

それを実現できる時代に入りました。

ご両親やパートナー、先生や上司、仲間たちは、あなたの人生を彩り豊かにしてくれる大切なキャストたちです。

現代は、すべての人に、自分の理想の行き方を実現するチャンスがある時だと感じます。そのことを意識している人には、そのようなチャンスが巡ってくるでしょう。

それは一部の特別な人たちだけのものではなく、あなたも、その気になれば、どんな未来でも創ることが可能なのです。

だから、「どうせ、私なんか……」という考えは、今すぐ、やめるべきですよ。そんなにいじけた考えでは、宇宙や天の神様を味方につけることはできないのです。

「そうは言っても……。好き勝手に生きてきた、ともさんには、私の気持ちなんて、わからないでしょ」と言いたくなるお気持ちもお察しします。

少なからずそんな思いをお持ちのあなたに、とっておきの話をしますね。

実は私も、かつては「どうせ、私なんか……」と思いながら生きていました。

生まれながらに敬虔なクリスチャン家系だったため、生後すぐに洗礼を受け、物心ついた頃には、クリスチャンネームがつけられている状態でした。

大げさな言い方ですが、自由意志などは通用しない人生が、生まれた時にはすでに決められてしまっていたのです。

幼稚園からミッション系のスクールで、中学を卒業するまでずっとカトリックの教えとともに生きてきました。

聞こえはいいですが、長崎という土地柄なのか、キリストが馬小屋で生まれたことが原因なのか、貧しさを美化する傾向があるように感じられ、欲を持つことはまるでご法度という具合で、正直、窮屈でたまりませんでした。

また、夏休みも冬休みも関係なく、毎朝5時半には起床、父に連れられて、6時から行われる教会のミサへ通っていた時は、苦痛さえ感じていたほどです。

小学生の時に「結婚相手は、同じクリスチャンじゃないと許されない」と告げられた時、子供ながらに絶望したのを、今でもよく覚えています。

今となっては笑い話ですが、そのころのクラスメイトに、クリスチャンの男の子で好きになりたいと思える男子が一人もいなかったのです（笑）

皆、変に堅苦しく……こんな人と結婚してもつまらないだろうなぁと、そんなことを真剣に考える子供でした。その頃から、ちょっぴりやんちゃな男の子が好きで、そういう男の子たちは、全員、見事に、仏教徒、もしくは、無宗教でしたから……

そんな子供時代に、私の中に巣食った「どうせ、私なんか……」という想い。それから、かなり長いこと、持ち続けることになりました。

「どうせ私なんか……」という思いを持ち続けても、目の前の人生の景色は、何一つ変わりません。

宇宙は、その思いを私が自ら振り切るよう仕向けるため、次から次に過酷な体験をさせてくれることになりました。

体験談を書き始めると長くなるので、割愛しますが、あれから40年以上経過し、時代のスピードは、どんどん早くなっています。

これだけスピーディな世の中ですもの。想いや願いの叶うスピードも、とても早いのですよ。

あなたがもし「私にもできるかも〜！」という思考に変わり、行動を起こすと、どうなるでしょう。

どれだけの速さで、目の前の景色が変わるか、想像してみてください。考えただけでもワクワクしませんか？

人生は、いつからだって変えられるのです。思い立った時が吉日です。

ぜひ、自分だけは、大切な自分に対して、いつまでも希望を持ち続けましょうよ。

長崎の田舎で育った私でも、こうして皆さんに向けて本を書くチャンスを手にしているのです。

これを読んでくださっているあなたも、**想いが変われば、必ず、目の前の現実が変わりますよ。**

3 あなたは自分の人生のクリエイター

あなたの人生は、自分の理想に沿って創造することができます。

この仕組みを理解し、「自分の人生を生きる」と決めるだけで、本当に、決めた通りの人生が始まるのです。

あなたも「引き寄せの法則」という言葉を聞いたことがあると思いますが、あえて私は、自分に人生については、「引き寄せる」という表現ではなく、自分の想像したことを、自分が「創造している」と表現するようにしています。

もちろん、「引き寄せの法則」については実際に存在すると確信しているので、その考え方には賛成です。

しかし、その「引き寄せ」について、自分の潜在意識（無意識）と顕在意識（意識）と感情そして行動が、成果の鍵を握っていることを理解してしまうと、引き寄せ以前に、自分次第で現実はどうにでもできるのだと思えるようになるでしょう。

最近は、脳科学の視点からの説明が多くなってきましたが、私にとって、美オーラの考え方は、まさに脳科学と通じる部分が多く、話を聞くほどに興奮してしまいます。

それは、脳科学の説明には、必ずと言ってよいほど、潜在意識と顕在意識のことが語られるからです。

前述したように、オーラと潜在意識は似ています。立証できないのが残念ですが、私としては、呼びかたが違うだけで、同じものではないかと考えています。

人は、環境によって、人格はもちろんのこと、人生の流れさえも変わります。例えば、中庸を大事にしている両親に育てられた人は、物事の見方がフラットです。

反対に、感情の起伏が激しい両親に育てられると、本人の人格形成も同じようになっても当たり前だと思います。

以前、精神科の専門医に、精神科の疾患が遺伝する可能性はあるのですか？と質問したことがあります。

ドクターのお言葉は、「精神を患っている親御さんに育てられたお子さんの発症率は高いと言えるでしょう」というものでした。

そのくらいに、環境が人に与える影響力は強いのです。

「親は選べない」とも言われますが、一方でスピリチュアルな考えではその逆に、生まれる前の魂が自分で親を選んでいると言われます。

いずれにせよ、この世に生まれた以上、親を別の人に替えることはできないのですから、この事実を受け入れて、後天的に自分を変化させることこそが、ここに生まれてきた意味があるのですよ。

人生は、完璧に生きるためでなく、体験するためにあるのですから。

私は、今でこそ、過去のことを笑って話せたりしますが、20代の頃は、両親に対して、「恨み」とか「許せない」などの、かなりネガティブな感情を抱いていたことがありました。

30代になってから、オーラを学び始め、どんな自分でも受け入れるように考え方を変え、今もなお、努力をし続けています。

決して、簡単なことではありませんでしたが、自分を変えることは可能だと身を以て証明しているところです。

自分が変われば、エネルギーの影響で、他人にもポジティブな変化を起こせますし、人生の流れも変わり始めます。

あなたは、自分の人生のクリエイターなのですよ。

今の流れに不満があれば、ぜひ、その流れを変える方法を知り、行動し始めてください。

4 安心して！　あなたは決して一人ではありません

人は、生まれてくる時も一人、死ぬ時も一人。

ですが、安心して！　あなたは一人に見えても、本当は、決して一人ではありません。

目には見えませんが、すべての人には必ず、守り導いてくれる守護霊さんをはじめとする、スピリットガイドたちが、常に寄り添ってくれているのですよ。

ここでは、肉体を持たない、魂だけの存在を「スピリットガイド」と表現しますね。

目には見えませんが、気配を感じたり、良い香りがしたり、物音などで知らせてくれることがあります。

また、ご先祖様をはじめとする、亡くなった家族や友人、恋人が、スピリットガイドとして、一緒に伴走してくれることもあります。

神社仏閣に祀られている神様、仏様の存在も心強いですね。

霊界にもステージがあると言われています。高次元の領域などですが、ここは人間の理解をはるかに超える領域ですし、私ごときが説明できることでもないと思っています。

ただ、これまでの経験では、自分ではやれるだけやったけれどそれ以上はどうしようもない、というレベルの問題を、高次元の領域に委ねるワークをしたら、思いもよらない方法で解決できた、ということは何度もあります。これこそ、「人事を尽くして天命を待つ」ですね。

この世には、一般常識を超えたような摩訶不思議な出来事は、たくさんあります。

そんな体験をするたびに、改めて宇宙の壮大さに驚きながらも、今ここに、その一部として存在できている神秘性に、感謝と喜びをおぼえます。

私は、常日頃から皆さんに「自分の人生は、想像して創造するもの」と何度もお伝えしていますが、何もこれは、願望や夢に限ったことではありません。

普段からの考え方もそうですよ。


自分は天涯孤独だと表現したら、なんだか寂しくて、悲しくなりませんか？

でも、たとえ、一人きりであったとしても、それは生身の人間としてのことであって、目には見えないたくさんのサポートのおかげで「今」があると思えば、少しはホッとするかもしれません。


私は、仕事柄、ＳＮＳでの発信が多く、素人なりにも綺麗な写真をアップするようにしています。

ＳＮＳは、非日常な世界観なので、私の印象は、明るく社交的に映るかもしれません。

ですが、実際には正反対で、基本的に一人が好きですし、定期的に一人の時間を持たないと、バランスを崩しやすくなります。そのため、大勢でワイワイ過ごした後は、必ず一人でぼーっとしています。
それに、オーラに、これだけのめり込んでいることでわかるように、かなりのオタク気質と言えます。

そんな、一人でいることが好きな私でも、ひとりぼっちのような錯覚に陥った時には、なんとも言えない孤独感にさいなまされます。それに、生死の時には、誰でも孤独ということを知っています。

ですが、よくよく考えると、本当は、どんな時でも一人きりではないのです。目には見えなくても、スピリットガイドたちは、常に、あたたかく力強く、サポートしてくれているのですよ。

そういう考え方ができるようになると、自然と感謝できるようになると思うのですが、いかがでしょう。

ちなみに、この「感謝」のエネルギーは、愛がベースなので、非常にパワフルです。

なので、運気を上げ、目に見えないサポートの力を強化するエネルギー源にも発展させることができます。

感謝とは、言葉よりも先に、心から湧き出るものという感覚がポイントですが、その感覚がイマイチわからないという人は、「ありがとう」を何百回も言ったり書いたりする「言霊ワーク」で覚醒させる人もいますので、トライしてみてはいかがでしょうか。

さて、かつて20代の頃、どん底期にあった私に、ある人から教えてもらった言葉があります。「**乗り越えられない課題は、やっては来ないんだよ**」

その一言で、当時暗かった人生に光が差したことを、今でも鮮明に覚えています。

今振り返ると、どん底期にはどうしようもなく高い壁に感じていたことでも、ちゃんと乗り越えられた時には、何かわからないけれど、心の底から込み上げてくるものがありました。

悲しい、とは違うのだけど、胸が少し締め付けられるような……。でも、あたたかくて、涙が込み上げてくるような……そんな感覚です。

自分なりに、それは感謝の湧き上がった瞬間なのだと納得できた時から、私の人生は、不思議と人生のステージがアップし、それから次々と可能性の扉が開き始めたように記憶しています。

そういう時は、自分自身の肉体や細胞、そして、いつもサポートしてくれているスピリットガイドたちに、心からの感謝を向けると、さらに良い循環が始まるように思います。

もちろん、そばで支えてくれた家族やパートナー、友人たちへ、声に出して感謝を伝えることも、同様です。

感謝は、あなたが思っている以上に、とてもパワフルなエネルギーを生み出しますよ。

5 人生の主役もプロデューサーも、あなた

普段から、皆さんにしつこいくらいにお伝えしていますが、あなたの人生の主役は、あなた以外の誰でもありません。

そう、**自分の人生の主役は自分**です。そして同時に、**プロデューサーも自分**なのです。

ですから、プロデューサーとして、あなたの人生という舞台の登場人物を選んで招き入れることも、退出させることも、あなたの自由自在です。

本来、**自分の人生の主導権は、完全に、自分が握っている**のです。

それを知っているか知らないかで、人生の充実度は変わりますよ。

でも、それをほとんどの人が知らないのも、残念ながら事実です。

もしも今、目の前の人間関係に不満を抱いているなら、考え方ひとつで、苦しみを軽減することができます。

激しく戦うことを想像する人もいるかもしれませんが、戦わなくて大丈夫なのですよ。

そのやり方を、お伝えしたいと思います。

まず「目の前にいる人は、自分ではない」と認識すると、相手との境界線ができます。

他人なんだから自分ではないのは当たり前では?と思うかもしれませんが、あえて、その区別を、はっきり念じてみてください。そうすると、相手との間に境界線ができます。

例えば、職場などで、目の前の人がイライラしている時には、「この人はイライラしているけど、私には関係のないこと」と、心の中で割り切るのです。

そうすると、相手との間に境界線ができて、その人のイライラのエネルギーに巻き込まれることはなくなります。

すでに影響を受けていると感じる時には、境界線はそのまま置いておくイメージで、いったん席を立ち、外に出て深呼吸したり、トイレで手を洗うなどして、自分の中に生まれた不純なものを外に流して浄化するイメージを持つとよいですね。

愚痴を言う人や、明らかにこちらの波動を下げるようなタイプの人とも、心の中での線引きをしっかりと意識しましょう。

そして、相手に感情移入をしないよう、ネガティブなエネルギーに、決して飲み込まれないようにしてください。

本当は、関わらないのが一番ですが、そういうわけにもいかない場合は、注意深く、接してください。

そんなことがあった時には、オーラにはマイナスエネルギーがベットリ付着していますので、自宅に戻ったら、線香を焚いて自分のオーラを浄化したり、バスソルトを入れたお風呂に入浴するなど、オーラケアをしてあげましょう。重かった肩の荷が下りたように、スッキリしますよ。

「その日の汚れはその日のうちに」をモットーに、オーラにネガティブなものを溜め込まないようにしましょうね。

ちなみに、九重オリジナルブランド製品の「美オーラのためのオーガニック・ローズバスソルト」は、浄化効果は、抜群です。リピーター様も多く、大変、ご好評いただいています。


先ほども書きましたが、自分のオーラをポジティブに変化させて、波動を上げていくと、目の前の現実は、どんどん良い方へ変化していきます。

これは、サロンの受講生様は、何人も体験しています。人生が楽しくなったというお声をいただいています。


どちらかといえば、仕事の上の人間関係は、ある意味、仕事時間のみと、割り切ることで、乗り切れます。

陰陽の法則で見ていくと、仕事上の人間関係に問題があれば、それにより悪いことが相殺《そうさい》されていると考えると、カルマの解消につながっているとも言えます。

一方で、プライベートの時間の使い方は、もっと真剣に考えるべきと思います。「時は金なり」というように、生きている時間は有限で、とても大切なものだからです。

「人生の主役は自分」ということを、忘れないでください。

もしも、恋人や友人などに、常に振り回されている感じがするとか、辛辣な言葉をかけられてストレスを感じているようなら、少し距離を置いて、流れを変えるという方法もありますよ。

そう……。その人も、自分ではありませんね。

ストレスを感じてまで、時間を共有する必要は、ないのですよ。自分さえ我慢すれば……というのは、実はあなたの勝手な思い込みなのです。

思い切って、少し距離を置くと、互いの良さに、気付くことができるかもしれません。

反対に、卒業した方がよいと感じるかもしれません。

人間関係は、互いの学びが終了すると、自然な形で離れることもあるのです。学びを終え、ステージが上がるタイミングで、これまでの人間関係がガラリと変わることはよくあることです。その時は寂しく感じますが、その分、新たな出会いに期待が持てます。

ただし、自分に都合が悪いからといって、わがままに、バサバサと乱暴な感じで、人様とのご縁を切っていくと、本来自分の学びのために解決すべき課題は残ったままなので、次に出会った人とも、同じような現象が起こりやすいようです。

それは、魂は常に進化し成長したがっているからなのです。

このような、一般にはあまり語られないような、目に見えない世界の知恵を取り入れ、自分の人生をより豊かに幸せにすることは、自分が主役の理想の人生を生き抜く秘訣です。

6 「自分に許可を出す」という考え方

突然、心惹かれる情報が、目の前に飛び込んできた瞬間。

「これ素敵！　欲しいなぁ～」

「うわぁ、次は、あそこに旅したいな」

「憧れのあの人のセミナーで学びたいな」

などと、心のセルフトークが繰り広げられます。


その時、心の声に素直に従ってすぐに行動できたら理想的ですが、なかなかそういうわけには行かないのが現実ですよね。

例えば、お財布の事情とか、時間の制限、場所が遠いなど、行動できない理由は、次から次へと見つかるものです。そして、そのままになって、いつしか忘れてしまう……。

でも、そんな制約がある時でも使える、「自分に許可を出す」という便利でパワフルな考え方があることを知っていただきたいと思います。

今すぐに行動を起こせなかったからと言って、すぐに諦めるのではなく、どうしたら手に入るかな？と、考える価値はありますよ。

・これを欲しいと思ったのは、きっと私に似合うからに違いない。
・あそこへ旅に出かけたら、素敵な出会いが待っているのかもしれない。
・あのセミナーに惹かれるのは、今の私に必要な情報を得られるからだ。
・あの人への好きな思いを持ち続けるのは、私の自由だ。

こんな感じで、惹かれた事柄や物に対して、そして自分自身に対して、「受け取ってよいのだ」と、肯定して許可してみてください。

そうすることで、それを叶えるための方法を、脳が無意識のうちに探すようになります。

「私は、それをしてもいい」と素直に思えるようになると、目には見えないけれど、情報を探すアンテナが立つのです。

そして、必要な情報が、自動的に次々とやって来るようになります。

実際の感覚では、意識し始めると欲しい情報が視界に入るようになるという感じです。

例えば、「旅行の夢を叶えなさい」と言わんばかりの、かなりお得なツアーの情報が、目に飛び込んできて、見つけることができた、という具合です。

あるセミナーに行きたいと思っていたら、思いがけず臨時収入があり、その金額がちょうど受講料を払えるくらいあったので行けるようになったという話は、よく耳にします。

私自身も体験があります。マンションを購入したいと思い始めた時、たくさんの物件を見に行きました。ずいぶんと見て回りましたが、なかなかピンとくる物件はありませんでした。

ある日の出来事です。物件の見学に行く途中、あるマンションのエントランスが目に入り、「いいな、ここに住めたら素敵だろうな」と、ふと思ったのです。するとその数日後に、当時、銀行の支店長をしていた友人から、「いい物件があるけれど、興味はありますか？」と連絡があったのです。

「もちろん、興味はあります。ぜひ見学させてください」と即答し伺ったら、なんと、数日前に車の中から「いいな」と眺めていたあの物件だったのです！

眺望も間取りも申し分なく、とても綺麗な物件でしたので、即決し、手に入れることができました。

ちょっと信じられないという人も多いかもしれませんが、こんな不思議な出会い方は、一度ではありません。

これは、物件に限らず、人様との出会いもそうでした。

他界した元恋人とのエピソードですが、たまたま珍しく散歩をしていた時に、男性とすれ違ったのですが、なぜかその時、互いに振り返りました。そして、目が合ったのです。それが、とても印象的でした。

後日、彼は私が働いていたお店に来店し、その出来事を彼も覚えていて、間もなくして、ロマンスが始まったのです。

このようにふとした「サイン」から何かが始まることがあります。サインと言っても大げさなものではなく、「あらっ?」という感じで、オーラのフックに引っかかるような、意識に残るような形でサインがあるのですね。

不思議なのですが、自分に許可を出していると、そういうことって、チョコチョコあるものなのですよ。

7 「自分の使命」のお話

オーラ鑑定セッションをしている中で、「自分の使命」について聞かれることがあります。特に、カウンセリングやヒーリングを生業にしている人や、専門職の講師や先生業、生きる意味を真剣に考えている人達からの質問に多いように思います。

あなたは、「自分の使命」にお気付きですか？

私自身は、この仕事を始めて最近になるまで、正直、自分の使命については、真剣に考えたことはありませんでした。

「自分の使命」というと、不思議な気分ですが、私の使命は、オーラやスピリチュアルを伝える役目だそうで、そのことはこれまでいろいろなスピリチュアルリーダーや占い師の方から言われてきましたし、ホロスコープにも表れています。

冷静に考えると、この物質重視の世の中で、「オーラ」という目に見えない世界観をお伝えする仕事が成り立っていること自体、実は奇跡だと思うのです（笑）

私が開催するセミナーでは、私自身の実体験の中で得たことを、わかりやすい言葉で、ロジカルにお伝えしてきました。

ただの体験談とも取れるのですが、「面白くてわかりやすい」とお客様からは好評をいただいています。実践された受講生様たちは、実生活に良い変化が起こったり、理想の人生を歩み始めたり、夫婦関係やパートナーシップがうまくいったり、仕事がうまくいったりと、ポジティブな結果を生み出されています。

最近ようやく、これは、私に与えられたギフト（才能）だと思えるようになりました。

ところで、先ほどホロスコープと書きましたが、九星気学にはずっとご縁があって、かれこれ20年近く携わっていますが、私は西洋占星術については専門の先生について学んだことはなく、独学です。

なぜ、そんな私がホロスコープについて書いたのかというと、先日、ある本を読んだ時に、自分の使命への理解が正しかったことや、体験させられる理由がわかったのです。

その本とは、『yu.j.iの星読み語り』（ワニブックス）です。

これまで、ホロスコープについて書かれている本は難しい印象がありましたが、その中で、一番、心にスーッと入ってきた本でした。

私の場合、自分のギフトに気付かせてくれて、これまでの活動への自信がさらに高まりました。

オーラやスピリチュアルの活動を始めて13年。なぜ、このように一般的な分野からかけ離れた活動であっても、恵まれた環境の中で続けることができたのかが、よく理解できたのです。

同時に、前パートナーから卒業した後の2年間ほど、オーラから離れた生き方をしようと試みた時に、ひどい現実を突きつけられた理由もわかりました。きっと、「オーラと離れる道は本来進むべき道とは違うよ」と引き戻されたのだと思います。

そのことを知った時に、私は、天の神様にお礼を伝えました。

実は、その頃に関わっていた人たちが私の運気を落とす原因だと勘違いをしていたことに、気付けたからです。

いつどんな時でも、宇宙は私を見守り、軌道修正をかけていてくれたのだ、と気がついたその時には、感激のあまり、涙があふれたほどです。

また、体験させられる理由については、冥王星の影響を受けているようでしたので、使い方によっては、良い未来を創れるのではないかと、希望につながりました。

こうして、ベストのタイミングで役立つ本と出会えることも、いつも私が使命の道を歩むことをサポートしてくれている「おかげさま」の存在のおかげだと感謝せずにはいられません。

8 「美オーラ・クリエイター」は、あなたのサポーター

ヒーリングサロン&ショップをオープンして間もなく、「オーラ beauty」という言葉を作り、商標登録しました。本当は「Aura Beauty」としたかったのですが、大手メーカーがすでに商標を取っていたため、「オーラ」はカタカナになったのです。

それを使って、お客様には「オーラ Beauty セラピスト」と名乗っていましたが、「それは占いですか？」と聞かれると、占いとは違うのだけど……、どう説明してよいのかわからない……というのが、本当のところでした。

確かに、マーケティング的な視点で考えると、何屋さんかわからないのは、致命的ですよね（笑）

「オーラ鑑定個人セッション」というメニューがあるので「美オーラ占い師」という言葉も使ってみましたが、占い師というのもピンとこない……。

現在は、この本で著者の肩書きとして書いているように、「美オーラ・クリエイター」に落ち着いてきたところです。

このクリエイターには、「創造者」や「創作者」という意味があります。

「美オーラ」は、自分のオーラを美しくし、保つことなので、誰でもすぐに始めることができます。

しかし、私が直接、皆さんとセッションして行っていることは、あなたのオーラを造り替えることなのです。

それも、「理想のオーラ」へ造り替えるサポートをしています。

ただ、勘違いしてほしくないのは、主役は皆さんご自身であって、私はあくまでもサポーターの役割だということです。

「自分のオーラは、自分で美しく」ということです。

オーラと出会って14年間、再現性のある方法を、常に探してきました。

方程式はありますが、もちろん、個人差があります。

一人ひとりのオーラを見て、あなたの理想を把握し、そして、プログラムします。

それを心から信じてできる人が、理想の未来を創るのです。

私を信じるのではありませんよ。

自分を信じて、内なる自分との信頼関係を強固にするのです。

そうすることで、心の持ち方が変わり、人生に良い変化が起こります。


ですが、一人で進めるには限界があります。だからこそ、サポーターとしての「美オーラ・クリエイター」が存在するのです。

そしてそれは、私自身もそうなのですよ。完全・完璧は存在しませんから。

もしも今、あなたが自分の人生に不満を覚えているのなら、理想のオーラへ変えることは可能です、ということをお伝えしたいと思います。

実際に「美オーラ・メソッド」に取り組んだ人たちは、本来の自分としっかりつながり、自分を好きになり、理想の人生を歩んでいらっしゃいます。

たとえ、一時的に、道をそれたとしても、元に戻る方法を実践すればよいのです。

サポートできるよう、オンラインの「ｋｏｋｏｔｏｍｏ倶楽部」も用意しています。

第3章　オーラと人間関係について

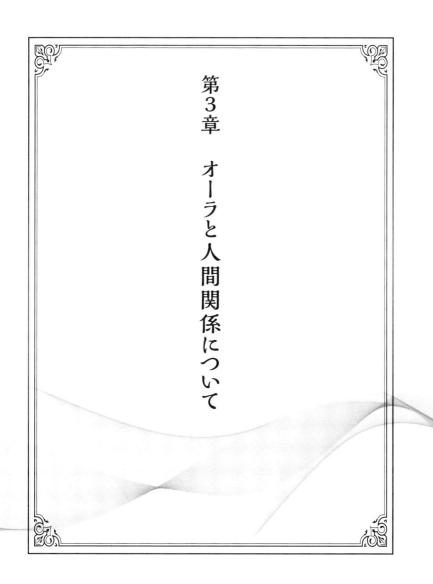

1 あなたの理想は明確ですか？

自分の理想の人生を現実に歩むためには、まず、**理想や願望を明確にし、達成するための計画を立てる**ことをお勧めします。

無計画で漠然とした日々を過ごすよりは、早いうちから、自分の願望を胸に生きる方が、何倍も人生は充実していきます。

その生き方を始めるのが早ければ早いほど、理想の人生を過ごす時間は、長くなります。だからといって、年齢を重ねてから計画し始めても、まったく遅いということはありません。「**思い立ったが吉日**」ですよ。

人は、生きるか死ぬかの瀬戸際に立った時、改めて、人生について考えさせられるのではないでしょうか。

私自身、腹部の手術を2回しており、31歳の頃は九死に一生を得た感じでした。

熊本阿蘇の山奥へ、遠征ゴルフコンペに参加していた夜中に、救急車で運ばれ、いったんは治まったものの、長崎に戻ってから、激痛とともに緊急入院。結果的に、急性腹膜炎で即手術だったのですが、時間がずれていたら、命の危険もあったそうです（余談ですが、九星気学で日取りを見てみると、空亡という日でした）。

2回目の腹部手術は、子宮全摘出手術でした。子供に恵まれなかったことは残念に思いますが、別の見方をすれば、そのおかげで、今の仕事に没頭できているのだと感謝しています。

これまた余談ですが、2回の手術とも、麻酔から目が覚めた時の奇妙な感覚が、印象深いものでした。肉体が健やかであるからこそ、いろいろな体験ができるのだと、しみじみ思います。

元恋人も若くして他界していますので、私は「命」や「生死」に関しては、20代後半から、向き合う機会を与えられてきました。

話を本題に戻しますと、願望を明確にして達成するための計画を立てることのメリットは、**「今、すべきことがわかること」**です。

時間は有限です。過ぎた日々は、戻っては来ません。

そして、私たちのいるこの世界は、行動することでしか、夢の実現はありえません。

棚から牡丹餅は、なかなか、落ちては来ないのです。

行動と言っても、闇雲に動けばいいということではないのですよ。行動にもコツがあります。

これまでの経験で、的を得た行動を取ることが、もっとも最速で理想の人生を叶える道だと思い知りました。

新たに始めようとする分野においては、自己流ではなく、**その分野での成功者に習う**、ということです。

「餅は餅屋」という言葉があるように、その分野ですでに結果を出している人から学ぶことが大事ですし、理想的な人生を送っている人をお手本にするのがポイントです。

たとえば、ビジネスを成功させたいのに、会社員しか体験していない友達に聞いても、欲しい答えは得られません。

ダイエットに成功したいのなら、過去は太っていたけど、ある方法で痩せて、今も維持できているという、確実な実績を持っている人から学ぶべきです。

メイクで美しくなりたいなら、ビフォアとアフターを公開し、実績を持っている人から教えてもらいましょう。欲を言えば、講師は、メイク映えのする美しい人が望ましいです。

ぜひ、自分の理想の人生について、真剣に考えてみてください。

そして、そのために必要なことから、早速、行動してみてくださいね。

2 それを言葉にできた時、夢に一歩近づきます

夢や願望が叶わない時、つい、何かや、誰かのせいにしたくなることはありませんか？

例えば、「もっと時間があれば、○○ができるのに……」とか、「家族や旦那がうるさいから、オシャレして出かけられない」とか「お金がないから、○○に参加できずに、夢から遠のいているようだ」など。

結論から先に言うと、誰でも「本気でこうしたい」と思えば、できるものなのですよ。

時間がないのではなく、**時間は生み出すもの。**

そして、家族や旦那様を巻き込んで出かける、くらいの気持ちになってみてはいかがでしょう？

「お金がない」という言葉を簡単に使っている人があまりにも多いように感じますが、リッチな人生を望むなら、「お金がない」発言は、今すぐやめるべきですよ!!

言葉の影響力の大きさに、いまだに気がついてない人が多いと感じます。
言葉は、魔術と同じ作用を持っています。
また、脳科学的にも、人間の脳は、イメージを言葉にすることで、認識でき、叶えようとするそうです。
このことに気が付けば、自分の発する言葉や行動がどれだけのパワーを持っているのかを理解できるでしょう。

新約聖書「ヨハネによる福音書」の有名な一節にも書かれていますね。

初めに、言葉があった。

言葉は、神とともにあった。

言葉は、神であった。

この方は、初めに神とともにおられた。すべてのものは、この方によって造られた。造られたもので、この方によらずにできたものは一つもない。この方に命があった。この命は、人の光であった。光は、闇の中に輝いている。闇は、これに打ち勝たなかった。


この聖書の文について、少し頭を柔らかくして、読み進めてみましょう。

未知の世界の話に感じるかもしれませんが、ここには、大切なヒントが隠されているのです。

これを理解できた人には、もはや願望実現は容易でしょう。

ポイントは、「この方」という部分を「自分」に置き換えて、読んでみると、わかってきます。

これはあくまでも九重自身の見解ですが、参考になれば嬉しいです。

少しスピリチュアル的な話を書きますね。

人は皆、心には「内なる光」を保ち続けています。

それは、かつて光の集合体（ワンネス）から分離し、一つの魂として今生の肉体の中へ入り今の姿があるから、と理解しています。

また、元の光の集合体そのものを「神」と考えます。だから、生まれる前は、私たちは、誰もが神とともにいたのです。

今のあなたは、自らの意志で、光の集合体から分離し、魂（光）を、今生の肉体へ吹き込み、自ら創造したのです。

ですから、全ての人がもともと光であり、神性を持っているということ。そこに気付くと、自己評価がグーンと高くなりませんか。

さらに、その光を一段と輝かせ続けることで、闇を支配することができるという考え方にもなります。

これらのことにいち早く気が付いた人から、未来を創り出す意識へと変化しています。それが、スピリチュアル界で言われる「アセンション」だと考えています。

あなたの夢が叶わないのは、何かのせいでも、あなた以外の誰かのせいでもないと、気付いてください。

たとえ、生まれながらにして貧乏でも、辛い体験が多かったとしても、それを乗り越えチャレンジすることに大きな意味があります。

そうすれば、課題をクリアするたびに、達成したい夢や願望に近づきます。

これをゲームのように楽しめる人こそが、今後の人生を豊かにしていくのではないでしょうか。

かく言う私も、20代の頃は、理想の人生とはかなりかけ離れた、すさんだ時間を過ごしてきました。

借金に押しつぶされそうになり、明るい未来なんて描く暇もないくらいに労働していた時期があります。

お先真っ暗で、ロマンスもなく、自信も持てなかった私ですが、30歳を境に人生が色づき始めました。

それは、自分の立場や欲望を、素直に潔く認め、「では、そのためには何をすればよいか？」を常に考え、計画するようになったからです。

始めの頃は、夢や願望が形になるまで、少々時間がかかっていました。

それでも、自分でもステージが上がったと感じるようになってからは、具現化のスピードがグングン増していきました。

33歳から40歳までの短期間で、自己所有のマンション、ビルなどの物質的なものから、人脈、知識、ビジネスに活かせるスキルなどを、調子よく手にすることができました。

もちろん、自分一人の力ではありません。その時どきに、前世から約束していた「魂の協力者」が現れてくれたのです。

宇宙は無限です。叶える順番や方法、条件に細かくこだわらなければ、実にユニークな方法で、望む現実を創造してくれます。

自分で言うのも何ですが、私は、願望達成は得意な方です。特に、物質的な願望達成は、これまで、ほぼクリアしています。

ですが、人生にはバイオリズムがあり、願いが叶いやすい時と、叶いづらい時がありますす。もちろん、私自身も体験しています。

それは、運勢は何かしらの影響を受けているということ。

美オーラの考え方と、各種の占いで知る星の動きをミックスして、人生設計すれば合理的ですし、修正が必要だと気付けば、方向性を変えればよいことなので、そうしています。

現代は、全てのスピードが加速している状態なので、未来を思い悩むよりも、軽やかに、望む未来を創造する時を迎えています。

まずは**人生の主導権は自分が握っている**のだということを思い出し、今すぐ、人生の舵取りを始めることです。

何かや他人のせいにしている暇なんてありません。

他人を羨んでいても、自分は幸せになれない。

他人のことで意識をとらわれるより、重要なタイミングを逃さないように、自分の人生の戦略を考え、行動を起こした方が、何倍も建設的です。

自分の望む幸せは何か？を言語化して、今すぐ、叶えるための計画を実行しましょう！

3 オーラの境界線について

「オーラの境界線を引くこと」について、68ページでお話ししましたが、大切なことですので、オーラの性質についてもう少しお伝えしたいと思います。

復習ですが、あなたの肉体の周りには、肉体を包み込むような形で、オーラという生命エネルギーが取り巻いています。

オーラは、何層かに分かれており、その色合いなどから情報を得ることができます。

常に色も形も変化し続けていて、一生ずっと同じ色で過ごすことはまずありません。

さて、オーラの輝き具合は、その人の現状をよく表しています。

心と体が元気で、なおかつ運気の流れが良い人は、オーラはクリアで輝き放っています。

外見的には、その人は、目力があり、口角が上がり、声に張りがあり、胸を張っています。必然的に、姿勢は良くなり、自信に満ちあふれ、爽やかな空気感をまとっています。

道を歩いていたら、見知らぬ人を振り返って二度見したり、不思議と目で追ってしまったような体験はありませんか？

オーラが輝いている人は、引きが強く、周りにもポジティブな影響を与えるので、男女ともに年齢問わずモテますよ。

人は誰でも、自分の波動に合った人同士が集まるものなので、良い波動を発信していれば、良い人が集まり、良いことが起こりやすくなります。

また、エネルギーが上昇している状態だと、期待してなかったことがうまくいくなどのご褒美のような体験も多くなり、実際に、人生のステージを上げることが可能なのです。

反対に、心と体が不調な時は、オーラのトーンダウンが起こります。そういう時は、ネガティブオーラを発してしまうのですが、悲しいことに、周りにもネガティブな影響を与えてしまいます。

その人がいるだけで、空気が重くなるとか、気分が落ち込む、イライラするなどです。

そういう他人のネガティブな状況に巻き込まれないようにするためには、オーラの境界線を引くことはとても大事です。

ですが、相手をシャットアウトするという意味ではありませんので、ご注意くださいね。

オーラは、プラスでもマイナスでも、影響を受けてしまいます。

例えば、コンサートなど、人の多い場所に出かけて、夜、中々、寝付けなかった経験は、ありませんか。

これは、心が高揚し過ぎている状態に加え、周りのプラスのエネルギーの影響を受けすぎて、「陽」に傾きすぎている状態だからなのですよ。

プラスの影響では、自分の心が明るくなり、良い影響を受けますが、行き過ぎると、ギンギンになるので、線引きをし、オーラをフラットに戻す意識が大切なのです。

反対に、知人との集まりなどで、愚痴大会のようになり、自宅に帰っても、落ち込んだり、イライラが続く時は、マイナスな影響を受けている状態なのです。

どちらにせよ、他人のオーラの影響を受けている状態になり、こんなふうに、影響を受けやすい人は、心も定まりにくい傾向があります。


また、会うたびに見た目の印象がコロコロ変わる人は、影響を受けやすい人であることが多いようです。実は、私自身もそういうタイプなのですが、いわゆる霊媒体質とか憑依体質だとも言われます。

それは必ずしも悪いということではなく、共感・共鳴能力が高いタイプなので、自分にとって心地よい場所と人を選ぶことができれば、心地よい人生を歩めます。

選び間違うと、悪い方へ流される危険もありますので、過ごす場所や人などは、しっかり選定してくださいね。

ちなみに、この能力を仕事で活用されている代表は、俳優業の人たちです。役柄に共鳴し、演じています。

例えば悪役の多い人が、お顔つきも普段から悪人のようになっているのは、役柄の影響を強く受けているせいです。


このようにオーラは周囲の影響を知らず知らず受けてしまうものですから、自分のオーラを守るために、線引きを意識しましょう。

線引きとは、俯瞰する意識を持つことや、常に客観視する意識を持つことが、それに当たります。女性は感情優位なので、感情的になり過ぎると自分を見失ってしまいます。気を付けてください。

簡単にできる境界線を引くワークを、第4章でご紹介しますね。

ワークとは別に、普段から、こんな感覚を持つことをお勧めします。

私の知っている、成功者と言われる人たちは、人当たりはソフトだし、笑顔で優しい印象ですが、案外、ドライな視点を持っています。

相手が信頼に値する人物かどうかを、仕草や言葉遣い、表情から感じ、読み取って、相手とこれから交流していきたいかを見極めているのです。

その結果、次に会う必要無しと決めても、相手を批判することはありません。自分の領域には入れないという「線引き」を、意識上でしっかり持っているのです。


「**人は人、自分は自分**」と聞くと、たいそう冷たい人のように感じるかもしれませんが、この意識をしっかり持つようになると、必要以上に、周りに振り回されなくて済みますから、生きやすく、動きやすくなりますよ。

4 苦手な人との接し方

生きていれば、気の合う仲間や、大好きな人ばかりではなく、時には、苦手な人や意地悪な人と接する機会があります。

その都度、排除できれば楽ですが、そうは言っていられないのも現実。

でも、そんな人たちも、**自分の人生のドラマのバランスを保つために必要な登場人物**なのだと考えてみると、少しは楽になりますよ。

この地球には、「陰陽の法則」があります。それは、男と女、光と影、太陽と月、昼と夜、プラスとマイナス、暑い寒いと言うように、相対するものでバランスを取っているという考え方です。

自分の人生の出来事も、そんな考え方でバランスを検討すると、楽になるのです。

さらに「引き寄せの法則」といって、自分の発するエネルギーが現実を招いているという考え方もあります。

例えば、自分に自信が持てずに、いつも自責の念を、背負いながら過ごしていたとしましょう。

そうすると、不思議なことに、さらに自分を責めるような出来事を引き寄せてしまうことが、実際にあるのですね。

ちなみに、この引き寄せの法則でよくある誤解は、「良いものだけ」引き寄せるというもの。

実際には、自分のオーラの波動の状態、思考、感情、言葉、行動で、引き寄せるものは変わります。

だから、自分の発している波動により、良いことを引き寄せるだけでなく、悪いことを引き寄せるということも起こるのです。

そこに注意を払っているにも関わらず、ネガティブな人や現象を引き寄せた時は、ぜひ、これは自分の人生のバランスを取ってくれている出来事なのだと、プラスに考えてみてください。

また、ネガティブな人が目の前に現れた時には、「これは、なんの学びだろう?」と、客観視することをお勧めします。

客観視することは、洞察力を磨くことにつながるのですよ。

そうすることにより、相手のネガティブなエネルギーに巻き込まれなくて済みますし、客観視する練習を続けていれば、相手の本音を理解できるようになったりします。

例えば、しょっちゅう怒っているように見える人の心の奥底には、実は悲しみや自分を守る感情を抱えていたりするものです。

だからと言って、すべて相手の言いなりになる必要はありませんが、こちら側があまりにもネガティブに反応し過ぎてしまうと、自分のエネルギーの消耗が激しくなります。

自分のエネルギーを守るためにも、「オーラの境界線」を意識し、接していくことをお勧めします。

慣れるまでは、なかなか難しく感じるでしょうが、どんなことでも、自分の魂の糧になっていると考えて、学習しながら、「魂貯金」を増やしているような、遊び感覚を取り入れてみてください。

5 え！　愛する人ほど距離を置こう!?

男性に限らず、人との関係を、より良くするためのスピリチュアルなテクニックをお伝えしたいと思います。

ほとんどの女性は、愛する人のそばにいたいし、常に愛を囁かれたいし、もっと自分を知ってほしいし、もっと自分だけを見て欲しいと思うもの。

欲深いことは悪いことではありませんが、もっと、もっと、もっと……と歯止めが効かなくなるのは考えものです。

大好きな彼に、「もっと会いたい」「もっと時間を作って」と要求が増えていき、「私のこと、どれくらい好き?」「私と仕事のどっちが大事なの?」なんて、困らせるような質問が、たび重なるとどうでしょう。

最初は「かわいいなあ」と思っていても、いつも求められ過ぎたり、確認され過ぎたりが続くと、誰でも重たく感じてしまうものなのです。

そんなふうに寝ても覚めても彼一色という人のオーラを観察すると、彼のオーラに彼女の思いがまとわりついているように見えることがあります。

男性の中には、女性から確認されたり要求されることを好む人もいますから、すべての人がそうとは言い切れませんが、そもそも男性は、本能的に外で戦う生き物。男性脳の強い人ほど、仕事優先だったりしますし、仕事以外にも、仲間との時間や趣味などオールマイティに楽しみたい傾向がありますので、女性のように、恋愛優先とはなりにくいもの。まず、そこの違いをしっかり理解しましょうね。

とはいえ、女性脳が強い男性もいますから、その辺りは洞察力を磨いて、相手のタイプによって、接し方を変えましょう。

美オーラの考えでは、大好きでたまらない時ほど、「オーラの線引き」ワークをオススメしています。

相手に対する思いが強ければ強いほど、「執着心」というエネルギーが生まれやすくなります。執着エネルギーの質は、ネバっとしたボンドのようなイメージなのですよ。

「執着心」とは、恋愛や夫婦間に限ったことではなく、親から子への過度な愛情や干渉、友人同士でもあり得ることです。

不思議なことに、実際に目には見えなくても、執着エネルギーにまとわりつかれると、何だかとても心地悪く、重たく感じてしまうものなのです。

では、自分が執着心に囚われないようにするには、どうしたらよいのでしょう。

彼とのことであれば、あなたが彼一色にならないような「工夫」が大切です。

二人で過ごす時は、思いっきり、かわいく、甘い時間を過ごしてください。ですが、彼と離れている時間には、自分を充実させることを優先しましょう。

例えば、興味のある習い事を始めるとか、スポーツなどの趣味を充実させるなどもよいですね。

もちろん、お友達とお茶や食事を楽しんだり、自分の世界を潤わせていく意識で過ごすとよいですよ。

一人の時間には、映画鑑賞や読書など、自分に栄養をあげるような感覚で過ごすとか、オーラやお肌をケアし、夜はぐっすり休んで、美容と健康を保つよう過ごしてください。

あなたが自分の世界を大切にするほど、彼はあなたを離したくなくなりますよ。

何より、彼は安心して仕事ができますし、キラキラとご機嫌に過ごすあなたをもっと好きになり、大事にしたいと思うでしょう。

女性は、男性から追いかけられるくらいの方が、幸福度は増しますよね。

もしもあなたが、仕事以外の時間は、彼からの連絡を、部屋でじっと待ち続けるようだと、彼も気になって、のびのびと過ごせないと思いませんか？

「私は、愛されている」と自信を持って、ゆったりと構えていたらよいのです。

あなたがいつまでも「大丈夫かな？」「私のこと、もう飽きたのでは？」などと考えてばかりだと、引き寄せの法則がマイナスに働いて、望まない現実を生んでしまうかもしれません。

女性と男性は、そもそも脳のメカニズムや感覚に大きな違いがありますので、すべてを自分の基準で判断しないことです。

不思議なことに、自己愛が確立できている女性は、彼からも大事に愛される傾向が強いようです。

そして、いくら近い関係性であっても、すべてを開けっぴろげにせずに、知らない部分がある方が、ミステリアスだし、マンネリ防止になるのは本当ですよ。

6 ソウルメイトの不思議

「ソウルメイト」と聞くと、どんなイメージをお持ちでしょうか。

特別な人、運命の人、結婚相手、恋愛がうまくいく相手、白馬に乗った王子様など、様々な理想があるかもしれません。

また、ソウルメイトと出会った時は、体に電流が走るとか、ビビビッとくるとか、ドラマチックなイメージを持つ人も、多いかもしれませんね。

私も以前は、ソウルメイトについて書かれている本を読んでは、答えを探し続けていました。

読むたびに「なるほど」と思いながらも、なんだかピンとこず、納得できるような答えが見つからなかったのが事実です。

特に、最近では、商業用語として、使われることも多くなったと感じています。

そういう経験を踏まえて、お伝えしたいことは、**ソウルメイトにこだわりすぎることや、探し続けることは、ナンセンス**だということです。


例えば、ソウルメイトの彼とは、生涯で、出会う確率は少なく、もし出会えたら、まるで、何もかも用意されていたように、スムースに結ばれるという説。

これはエネルギーの法則で考えると、納得のいく考え方です。

確かに、障害があったとしても、スムースにクリアし進めることは、宇宙からのゴーサインだからです。

また、出会った時に、どちらかが結婚していたとしても、自然な形で、誰も傷つくことなく、1年以内には結ばれるようになっているという説もありますが……。果たして、そうなのかな……と、私は、ずっと疑問に感じています。


しかし、正しい答えを探す方が野暮というのが、正直なところです。

男女のことは、深すぎて、簡単な言葉では、片付けられません。

「不倫恋愛」は、現代では、一般的には認められないものですが、その昔の日本には、側室を持つのが当たり前の時代がありました。

また、政略結婚とは、当人たちの意向は無視して親権者が自己や家の利益のためにするもので、愛がなくても成立するものです。結婚した後に愛が生まれるかもしれませんが。


私個人の考えになりますが、純粋に愛する彼との関係性については、どういう形であれ、自分で決めてよいと思うのです。

私自身、これまで、本気で愛した男性は数少ないですが、「ソウルメイト」だと信じたいですもの。


男女の関係は、楽しい時もあれば、辛い時もあります。

振り返ると、楽しい思い出の方がはるかに多いのですが、もちろん、そうではない時間も過ごしてきましたよね。

辛くて、わんわん泣いた日も、食事が、喉を通らなかった日もあったのに、それでも、また、愛したいと思う不思議。

愛を通した体験は、必ずや、自分を大きく成長させてくれます。

自分以外の相手を、受け容れ、許し、愛する喜び、愛される幸せを知ること。

欲を言えば、そこにはエゴがなく、無条件の愛であれば、どんなに美しいでしょう。

しかし、幼い魂には、なかなかハードルの高いことです。無条件に受け容れるとは、高度な精神でなければ、難しいことだからです。

愛する存在が有るから、愛の交換が成立し、喜びも掛け算で増えていきます。

だからこそ、健全な愛のやり取りは、どのようなスタイルの恋愛であっても、魂の栄養になるのではないでしょうか。

考え方は、人それぞれですから、正解はありません。

愛を深め合い、喜びを分かち合い、幸せを感じながら、互いに成長しあえるお相手こそが、ソウルメイトだと考えては、いかがでしょうか。

7 理想のパートナー像の設定は大まかに

もしも、あなたがシングルで、パートナーとの出会いを望んでいる場合は、**理想のパートナー像のイメージは、ザックリと**したものにしておくことをお勧めします。

よく、願いを書く時に、理想の男性像のリクエストをこと細かに書いてしまう人がいますが、個人的にはお勧めしません。

なぜ、理想の男性像を詳細に指定するのはよくないのでしょうか？

その答えはズバリ!!　可能性の枠を自ら狭めている行動だからです。

そもそもお互い人間ですから、完璧はありません。どこかに抜けがあるものです。完璧にリクエストしているつもりでも、後で後悔する結果になる可能性は大きいのです。

例えば、個人的には好まない表現ですが、「ハイスペックな男性」が彼氏になることを願ったとしましょう。

身長から、顔立ち、肩書き、財産まで、こと細かに指定したとします。実際に、そんな理想的な彼と出会って付き合い始めることになった時は「完璧！」と有頂天になるかもしれません。

でも、いざ付き合い始めてみると、外見や条件は見合っているけど、中身が冷たく、価値観も合わず、こちらが常に寂しさを感じる相手だったら、いかがでしょうか？

なので、あまり詳細に指定せず、大まかなイメージと設定にしておいて、いざ男性と出会ったら、順応性を持って、ご縁をいただいたその人と一緒に関係を育んでいく感覚を持つことをオススメします。

私の考えですが、人様とのご縁、それも、良くも悪くも、後々まで印象に残るような存在は、天の神様からの贈り物だと考えています。

子供には、恵まれませんでしたが、それこそ、授かり物と、表現されることが多いですよね？

人様とのご縁もそうだと思うのですよ。

今は関係を卒業し、数年経過しましたが、14年という長い月日を共に過ごしたパートナーとの出会いは、今も強く印象に残っています。互いによく「瓢箪から駒が出た」と冗談で言っていましたが、それくらいに、環境や年齢を超えてご縁があったことに、感謝と同時に、不思議さを感じていたのだと思います。

前にも書いた通り、神様は、真面目に祈った、私の願いをきっちり叶えてくれました。その彼とのご縁で、私は、それまでの人生とは、全く違う景色を見ることになったからです。

しかし、初対面の印象は、フィーリングは問題なくバッチリでしたが、お洋服のセンスや、ライフスタイルの価値観などは、まったく噛み合わない印象でした。

ですが、その時、私の中に不思議な感覚が芽生えました。

もともと私は、スピード重視で、すぐに答えを求め、それも白黒ハッキリ付けて、待つことが苦手なのですが、この私が、結果を急がず、ゆっくりとご縁を大切にしていきたいと思えたのです。

実はその時、ある一冊の本を読み終えたばかりでした。

それは、浅野裕子先生の『一週間で女（じぶん）を磨く本――「うれしい変化」が起こる63のヒント』（三笠書房）。この本のおかげで良い影響を受けました。

なかでも、122ページから始まる「美人で性格がいいだけではいい女になれない」に書いてあるお話は、とてもプラスに働きました。

大まかな内容ですが、大手企業で、アパレル関係の仕事をしている女性が、お付き合いをはじめた弁護士の彼への接し方です。

彼はファッションには興味がなく、垢抜けていないのだけど、彼女は、最初から指摘することなく、気長にイベントのたびに、センスの良いネクタイなどをプレゼントすることで、最終的には、彼から、このネクタイに合うようなスーツを選んでくれないかと言われたという話です。

これについて、浅野先生は「男性を上手に立てながら、一緒に歩きたいと思わせる余裕を持つ」大切さを書かれています。続けて、「だからこそ、先ほど例に挙げた女性のようにさりげなく、でも着実に信頼関係を築いていくことです。これがいい女たちの愛し方なのです」という言葉で締めくくられていました。

当時の私は、30代に入ったばかり。

特に、「いい女」への憧れが強かったので、この話をすぐに思い出し、心に余裕を持つことに決めたのでした。

おかげで、彼と出会ってから1年ほどは、メールのやり取りや、お茶を飲むことや、時には数名で食事に行くことで、信頼関係を築けたのか、その後は、十四年間も変わることなく、ずっと大事に愛され続けました。

もっと言えば、洋服の管理も任され、ライフスタイルの提案もずいぶんと受け入れてくれました。

彼と出会う前に私がイメージしたのは、大まかな男性像です。主軸は「経済的な苦しみから脱したい」ということでした。そして、尊敬できる対象であることと、私のことを不安にさせることなく、大事に愛してくれて、安心と安全が守られ、性格が合う男性といった感じでした。それ以外の細かなことは、指定していません。

宇宙は、偉大なので、私が想像した、何十倍ものご褒美と思えるようなご縁を与えてくれたのです。

これまでお伝えしてきた、人生の目標を明確にすることや、ゴールをイメージする大切さをお勧めしている話からは、矛盾を感じるかもしれません。

しかし、これは「自分」を主軸とした願いだからこそ、宇宙に聞き入れてもらえたのだと思います。そして、先を急がず、コントロールすることを手放したことで、結果的に、良い流れに進めたのです。

当時も今も変わらないのは、人様からの評価より、自分の幸せが一番大事だと思っていることです。そう表現すると、「自己中」と勘違いされそうですが、そうではありません。

経済的なゆとりを得ることに関しては、当時は、父が他界したばかりでしたし、長女ですので、母や妹、その子供たちを守るためにも必要な願いでした。

私が潤うことで、家族にも、それをシェアすることができ、結果的に皆の幸せにつながりました。

自分軸を大切にする法則のメリットは、ここにあります。常に分かち合う気持ちがあれば、自分が幸せになることで「幸せエネルギー」は自然と周りに伝染していきます。

宇宙は出し惜しみしません。だから、私たちもそれに習えばよいのです。あなたが、そういう気持ちで生きていれば、自分を犠牲にせずとも、その流れを生み出すことができますよ。

そして、自分の人生のドラマを充実させるためには、余裕を持って、大まかに設定するのがポイントです。

第4章　オーラ磨きは自分磨き

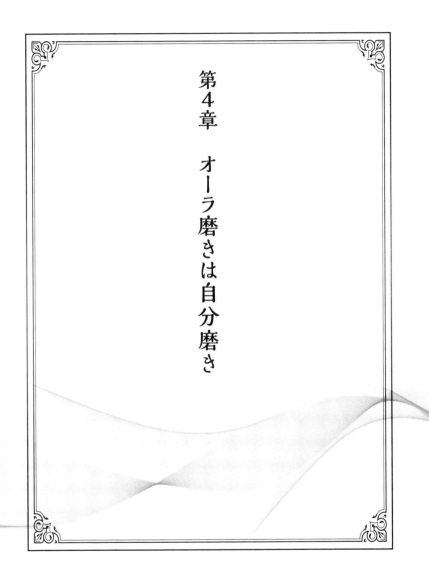

1 オーラ磨きと外見磨きはセットの意識を持つ

私が路面店を始めた時、オーラや見えない世界のことについて、おしゃれにエレガントな雰囲気の中で伝えたいと、強く思いました。

お店の内装は、女性の気持ちがアップするよう、洋書のインテリアを参考にし、店に立つ時は、女性らしい装いで、ヘアメイクもきちんと、女性のお手本になるような気持ちでお支度しました。

特に、目に見えない世界の話は、きちんとヘアメイクを整え、清潔感があり、爽やかな印象の人の話の方が、耳を傾けたいのでは？と思ったのです。

人の見た目は、とても影響力があるのですよ。なので、あなたもまずは、外見の印象アップから始めることをお勧めします。

私の場合は、仕事柄、外見よりも、その人のオーラを観察してしまいます。

いくら綺麗に着飾っていても、オーラにくすみがある人もいます。満面の笑みであっても、裏側に見える一瞬の陰りも見逃しません。

感じたことをいちいち言語化はしませんが、こちら側への好意の有る無し、性格がソフトかハードかくらいは、ほぼ、第一印象でキャッチできると思います。

これからは、そんなふうに感じ取る人が増えるのではないでしょうか。

だから、心で思う事と、言葉は、常日頃から、同じにしておいたほうがよいのです。いずれ、こちらが隠しても相手にわかってしまう時代が来るでしょうから。

そうはいっても、今は、まだ、外見重視の世の中です。

いくらオーラがピュアであっても、外見で野暮ったい印象を与えてしまっては、あなたの全体としての魅力は伝えきれません。

ですから、あなたのオーラの輝きを際立たせるためにも、外見に気を使うことが大切なのです。

オーラ磨きと外見磨きは、ぜひ、セットでおこなってくださいね。

今は、カラーセラピストや骨格診断、イメージコンサルタントなどの先生が多くいらっしゃいます。そういう先生の力を借りるのも、一つの近道だと思います。

先生を選ぶポイントは、あなたが魅かれる人や憧れを感じる人が一番ですよ。「こんな素敵な女性になりたいわ」という感覚を大切にして選ぶといいでしょう。

その先生のアドバイスや教えが今ひとつしっくりこない場合は、医療のクリニックと同じように、セカンドオピニオンを出してくれる先生を探してもよいと思います。

外見を磨くことで、信頼を得たり、素敵な男性に見初められる可能性も高くなります。

中身で勝負するのは、彼に選ばれてからでも遅くありません。

まずは、外見磨きしながら、オーラのトーンをアップしていきましょう。外見磨きが当たり前になれば、必然的にポテンシャルは高まっていくのです。

2 朝から自分のオーラを確認する癖をつけましょう

朝、目覚めてからの習慣はありますか？

私は、朝、目覚めてからは、すぐには起き上がらずに、ベッドのなかで、その日に見た夢を振り返ったり、一日の流れをおぼろげにイメージしながら、体を伸ばしたりして、起き上がります。

その後、どんなに寒い日でも必ず、窓を開けて、白檀か沈香のお線香を焚きます。

そして、パウダールームで口をすすぐ時に、鏡で自分の顔やオーラの様子を確認します。

その時の確認ポイントは、顔色、顔つや、顔のむくみ具合、目つき、そして、忘れてはならないのは、ヘアの状態です。

調子の良し悪しは、ヘアの状態にも表れています。

理想は、サラリとまとまっている状態です。この時は、顔色も艶があり、心に曇りが見られないので、好調な状態です。目力もあり、行動意欲も高まっています。

洗髪して休んだにも関わらず、ベタッとしているような状態の時は、簡単に言うと何かのエネルギーに憑依されていることが多いです。憑依とは、自分以外のエネルギーに肉体や精神を支配されてしまうことです。長引けば、うつ状態を招くことになりかねません。前日に、お付き合いで盛り場へ出かけたとか、お酒に飲まれてしまったなど、さらに心が「陰」に傾いていると、同じような「陰」の気にやられてしまっています。

盛り場には、浮遊霊も多く、「魔が差す」という言葉のごとく、弱い心につけ込まれてしまいます。ですので、寂しくて辛すぎる時などは、そんな場所へは出かけないことが一番の方法です。お酒を飲んでも、現実には、何も変わらないので、傷ついた心をきちんと癒せるような場所を選びましょう。

本人が驚くくらいに髪の毛が鳥の巣状態のこともあります。これは、どうやら他人からのジェラシーの影響を受けている状態のようです。

そんなにひどい状態はそう多くはありませんが、過去に、そうなった時のことを思い出すと、必ず思い当たる節があるのです。

これらは、他人のエネルギーに影響されていることなので、毎晩、就寝前に、後に紹介するワークをしてみてくださいね。

お顔の状態の中でも、むくみのひどい時は、オーラに不要なエネルギーが溜まっている証拠です。

そんな時は、胃のあたりや腹部のハリも気になるはずですよ。

365日、毎朝、鏡で見る習慣、自分の身体の声を聞く癖をつけると、自分の状態が、だんだんわかるようになります。

自分で自分のことを理解すること。それが、これからの時代の一番の強みにな

ります よ。

オーラチェックをした後は、鉄瓶で沸かしておいてもらった「お白湯」を飲み、その時に、乳酸菌サプリを飲みます。

腹部は、チャクラの中では、第二チャクラにあたり、感情やセクシャリティ、クリエイティビティを司る部分。ここの状態が悪い時は、感情を溜め込んでいる可能性が高いのです。不満とか、怒りとかね。

そうなると、お通じが滞りやすくなるのです。そして、お通じが滞ると、オーラも滞ります。ですから、日頃から、お腹の中に、乳酸菌を増やすことを心がけており、お味噌汁などの発酵食品も積極的に摂るようにしています。

お白湯を飲んだ後は、神棚のお水を替え、クリスタルボウルを鳴らし、家庭用の祝詞《のりと》と自分のアファメーションを唱えています。これは、長年の習慣です。

それらを終えてから、コーヒーをいただくのが、毎朝のルーティンです。

私の場合は、通勤がないので、朝食後は、サロンの掃除機をかけ、トイレ掃除をしてから、メールチェック、ブログ書きなどを始めます。
セッションがある日は、支度をして出かけます。

長崎にいる時は、時間に余裕があれば、散歩に出かけて体を少しでも動かすように気を付けています。週に二回ほど、鍼灸治療へ通ったり、月に数回、アロマリンパマッサージを受けたりしています。

出張時には、ホテルでは朝晩しっかりバスタブにお湯を張り、持参している自分プロデュースのオーガニック・ローズブレンドバスソルトを入れてゆっくり入ります。朝は、肩甲骨ストレッチやスクワットなどをしています。

オーラケアは、オーラの汚れを取るだけでなく、活性化させることも大切です。
オーラに溜め込んでいる不要なエネルギーが少ない状態で軽やかに動いていると、必然的に運気が上がり、現実的にも良い影響が現れます。

3 写真映えするオーラにする方法

実は、写真で見ると、その時のオーラの状態がよくわかるのです。鏡で毎朝オーラをチェックするのも大切ですが、自撮り写真でも、自分のオーラを確認できますよ。

ちなみに、オーラ鑑定セッションでは、鑑定者様のお相手の状況などを知る際に、最新の写真を見せていただくこともあります。

写真でオーラを読み取れることを知っている人たちは、SNSなどに、ご自身の写真を頻繁にアップすることは少ないような印象を受けます。

私は、仕事柄、ホームページやブログに写真を載せていますが、実はオーラのコンディションの良いものを選んでいるつもりです。

少しでも「このオーラは、ダイジョウブカナ？」と感じる場合は、掲載を見送ります。

そうは言っても、今は、優秀な補正アプリのおかげで、十分な光を取り入れることができるので、助かっていますが（笑）

それでは、写真を撮る際にオーラとの関係で意識しておきたいことをお伝えしますね。

オーラは順応性が高いので、自由自在に動かすことができますし、色も変更可能なので、瞬時に理想のオーラになることは実は可能なのです。

ですが、これからお伝えする方法は、その時にだけ通用するものになります。

お顔にメイクを施し、その時だけ華やかに見せる方法と似ています。

メイクテクニックほど、細かい技術は不要ですが、ポイントはありますよ。

例えば、「幸せ感溢れるオーラ」を作りたい時は、わざわざ、そういう色を実際に身に着けるのです。

幸せを連想させる色とは、ピンク色でしょうか？　ピンク色にも、濃いピンク、青みがかったピンク、白っぽいピンク、ベビーピンクなど様々ですね。

今のあなたがなりたいイメージに最も近く、できれば、あなたに似合う色を身につけることで、素敵なオーラを作ることができます。

実際に、そのカラーを身につけた姿を、鏡で何度も見ると、幸せな気分になってきませんか？

写真撮影の際も、ぜひ、この方法を取り入れてみてください。

ちなみに、あなたは、自分に似合うカラーを知っていますか？　知らない人は、ぜひ、パーソナルカラー診断をお勧めします。

今は、直接肌に乗せるファンデーションで診断できる方法があるのですが、とても画期的ですし、目に見えて違いがよくわかるので、私が診断していただいた時はとても感激しました。

その上、自分にフィットしたファンデーションを肌に乗せることで、お顔の見え方も違ってきます。他にも、CCクリームなど、自分の素肌の色によって、変化していくものなどもあるので、本当にすごいなと思います。

また、オーラ鑑定セッションへ定期的にお越しくださるお客様で、16タイプという、詳細なパーソナルカラー診断のサロンをオープンされた人もいらっしゃいます。

それくらいに、自分に似合うカラーというのは、オーラのトーンアップにも一役買ってくれるのですよ。

ぜひ、あなたにお似合いのカラーをまとい、お肌のトーンアップをし、魅力を発揮してください。

理想のオーラを定着させる方法は、理想の人生を構築する作業と同じプロセスですので、別の項目を参考にしてくださいね。

4 オーラを磨くと願望達成が早くなる

私はオーラに出会ってからこれまで、毎日、オーラケアを欠かしたことはありません。

今でこそ、日常のオーラケアのためのオーガニック・ローズブレンド・バスソルトをプロデュースし、簡単にオーラケアができるようになりましたが、基礎を作るには、それなりの時間を要しました。

前述の透視能力スクールに通っていた頃は、朝1時間、夜1時間の合計2時間、ほぼ毎日、瞑想を続けました。

最初は、瞑想に慣れずに、何度も挫折しかけましたが、ある出来事がきっかけとなり、半ばムキになった感じでしたが、結果的には、功を奏したことになります。

そもそも私は、依存心が強く、甘ったれた考えかたで、人を支配したい欲が強かったと思います。

レバナ先生の教えの一つに「自由意志の尊重」があります。しかし、あの頃の私は、いまひとつ理解に苦しみました。

ある時、クリスマスにちなんで、レバナ先生の特別ワンデイ・ワークショップで、パートナーシップについて学べる機会があることを知りました。

オーラやレバナ先生の素晴らしさを知ってもらう機会だと思い、早速、当時のパートナーを誘いました。すると、あっさり拒否。何度プレゼンしても、全く聞く耳を持たなかったため、彼の許可を得ずに、勝手に申し込み、2人分の料金の払い込みまで、済ませました。

そして、クラスが終わってから、通訳さんを通じてレバナ先生に、セミナーへ申し込んだことを報告しようとしました。

すると、喜ばれるどころか、「残念だけど、あなたの期待通りにはならないわね」と言われました。

現在の私なら、当たり前だと思えるのですが、その頃の私には、ガーンと大きなハンマーで殴られたほどの衝撃がありました。


そんな日に限って、夕食を一緒にする友人もおらず、落ち込んだ気持ちでトボトボとホテルへ戻りました。

ひとしきり泣いた後、お風呂に入り、パジャマに着替え、ベッドサイドへ腰掛け、レバナ先生の音声を聞きながら、ひたすら数時間、瞑想を続けたのです。


3時間くらい経った頃、心が軽くなったことに気が付きました。そして、顔を見てみると、まるで美白のパックをしたように、顔色が垢抜けているのです。

これは、クラスの人を見ていても、毎日の瞑想を真面目にやっているかどうかが、よくわかるサインでした。

毎日、朝晩1時間ずつ瞑想するライフスタイルを続けて数か月後、スクールのスタッフさんたちから「ずいぶん、強くなられましたね」と、お褒めの言葉をいただいたのです。最初はムキになって始めたことでしたが、結果的には、成長のスピードを上げ、自分の気持ちだけでなく体重も、軽くなりました。

その後は、スクール在学中にあれだけオーラに対して懐疑的だった彼も味方につけ、ヒーリングサロン&ショップを眼鏡橋のそばにオープンしたり、顧客リストもないのに、初日から、ご新規のお客様に恵まれたりと、夢がどんどん叶ってゆきました。

スクールで習った願望達成スキルで、次々と願いが叶うので、楽しくてたまりませんでした。

中でも印象深いのが、店舗との出会いです。

ある朝の瞑想時に、眼鏡橋付近のイメージが見えたので、さっそくその場所へ出かけました。その時は、物件らしきものとの出会いはなかったのですが、当時、お洋服屋さんの女性と知り合いになりました。

彼女から不動産情報をもらい、結果的には、人脈が広く、オープン後は、たくさんの方々をご紹介くださることになりました。

しかし、その時は、良い物件との出会いがなかったので、違う場所を借りようとしました。すると、内装の見積もりを取ったところ、信じられないくらいに高額だったので、その物件は見送ったのです。

そして、それから1ヶ月後くらいに、また、同じ眼鏡橋のイメージが、瞑想中に出てきました。

性懲りも無く、もう一度、同じ場所へ伺ったら、一つの空き物件を見つけました。ロケーションが良く、すぐにでも契約をと心が踊りました。

隣は、カステラ屋さんでしたので、たずねてみると、なんと「昨日、空いたばかりだよ」とのこと！

親切なカステラ屋さんの女性は、上の階に住む大家さんに繋いでくれました。仲介の不動産を教えてもらい、無事に借りることができました。

驚いたのは、それだけではありません。

数ヶ月前に、お店を始めようと考えた時に、私は、ビジョンマップのようなものを作りました。大きめの画用紙に、理想のショップイメージを描くというものです。

ドアは、大きめの開き扉で、床は石畳のような雰囲気、トイレの場所はここら辺で、ここに勝手口があるといいなぁとか、ここに棚を置いて、商品はこれを置くとか、雑誌の切り抜きと、決して上手とは言えない絵で仕上げ、毎日、それを見ながら、夢を描いていました。

借りることになった店舗は、その夢のイメージ通りだったのです。広さも申し分なく、ドアも古いけれど、理想のスタイル。何といっても床が、本物の石畳だったのです。

そして、最初の内装は、予定よりもコストを抑えることができました。

こんなことがあると、信じられますか？　瞑想中に見えたイメージ通りに動いたことで、夢を叶える嬉しい展開になったとは、私自身も驚きましたが、自信になりました。

この話は、これまで、瞑想レッスンや鑑定セッション、ショップにご来店のお客様へ、何百回となく話してきましたが、そのたびに初心に戻れる大切なエピソードです。

オーラケアを続けると、夢が叶うスピードはとても早くなります。

そして、見た目年齢が実年齢よりも若く見られます。多少のお世辞もあると思いますが、私は、今でも実年齢より若く言われますし、周りのオーラを磨いている人たちを拝見していても、皆さん、お若いのです。

オーラケアを続けて、運気が良くなったという人は、とても多くいらっしゃいます。

マイナスエネルギーを取り去るのですから、ブロックが取れて、オーラが活性化すれば、運気が良くなるのは、当たり前なのですよ。

また、オーラケア後に、視界が明るくなったような気がすると言われる人は、90％以上、いらっしゃいます。

オーラ鑑定セッションで「オーラクリアヒーリング」を受けた後に、合コンに行き、そこで出会った男性と結婚され、12年目を迎えられたお客様もいらっしゃいます。

オーラケアの方法を知り、続けることで、夫婦円満や、セックスレス解消など、良い流れに変わっていくことがほとんどです。

1日ですぐにガラリと変わることはないけれど、そのための方法を順番通りに続けることで、あなたの未来は、必ず良い方へ向かいますよ。

奇跡や魔法は、行動の先に待っています。

5 リカバリー力を身につけよう

オーラを保護するテクニックはあるのですが、オーラとは常に動いているエネルギーですので、ずっと同じ状態を保つことは難しいとお伝えしました。

自宅を出る前には、オーラを卵型にきちんと整え、分厚く強固にする意識を持つことは、とても良い方法なのでお勧めします。

長年、オーラにたずさわっていると、リカバリー力を身につけたほうが、その後の運勢にも、好影響があると、私の経験からも言えますよ。

心身ともに、たとえダメージを受けたとしても、できるだけ早く回復する力です。

これは、自分で培《つちか》っていくしかないので、まずは、リカバリー力を育てていくと決めることが大切ですよ。

私は、よく「転んでもただでは起きないタイプ」だと言われます（笑）ですが、最初からそうだったわけではありません。もともとは依存心が強く、自意識過剰気味で、グジグジ悩み続けるタイプでした。

ですが、そんな自分に嫌気が差して、一念発起したのです。

あなたにとって、失敗することって、どんな印象ですか？　もしかしたら、ネガティブなだけの印象ではありませんか？

過去の私にとって、失敗することは、すごく恥ずかしいことでした。

いくら「失敗は成功の母だ」なんて言葉があっても、私は恥をかきたくないという気持ちを強く持っていました。

ですがね、一度でも、恥ずかしい自分をさらけ出してみると、案外楽になるのですよね。

それを教えてくれた人がいました。変なプライドに凝り固まっていた私に、「鼻の穴に指を突っ込んだ写真をブログに載せてみたら？」って……。最初に聞いた時には、内心「そんなの絶対、ムリ！」と思ったのですが、ある日、なんとなく、やってみようかな〜と、勇気が湧いたのですよ。ただし、抵抗感は強かったので、派手なサングラスの力を借りて、自撮りでやってみました。なんども指を入れて撮ったので、最後は痛くなりましたが……。結果的に、トライしてよかったです。自分を閉じ込めていた殻を、破るきっかけとなりました。

人って、基本的に、自分自身にしか興味のない生き物なのです。だから、実は他人のことなど、そんなに気にしていないし、毎日、たくさんの情報が通り過ぎていくので、いちいち、引っかからないわけなのです。それがよくわかりました。

そして、失敗に思えることであろうと、どんな物事からでも、学び得ることはあるのです。

全ては未来の自分のための経験だと理解できると、いつも同じような悩みで悶々としていることに、違和感を覚えるようになりますよ。

私たちは、「成功するため」に生まれてきたのではありません。

私たちは、「体験するため」に、ここにいるのです。

オーラ鑑定セッションにいらした人は、考えが「負のループ」に入っていることが多いのですが、紐解いていくことでスッキリします。

負のループとは、そう特別なことではなくて、どなたにでも、経験はあると思います。

なかなかそこから抜け出せなくて、自分にイラつくこともあるでしょうが、落ち着くまで待つ姿勢も大事です。

リカバリー力って、何かを与えることばかりではありません。

時には、自分自身を引きで見ること、客観視することで見えてくるものがあります。

自分を客観視した後は、その問題にフォーカスして反省ばかりするのではなく、反対に意識をそらし、自分の好きなことをしてみてください。

お花が好きなら部屋に飾るとか、好きな香りをまとうとか、美味しいものを食べるとか……。

そうすることで、絡まった糸がスルスルと解けていくような感じで、いつの間にか、心が柔らかくなり、回復していることは、よくあることです。

6 光るアイテムは、波動アップと邪気払い効果あり

オーラのトーンを簡単にアップさせるには、光るものを身に着けることです。

私の一番のお勧めの宝石は、ダイヤモンドです。

その理由は、鉱物の中でも一番強い石だからです。ダイヤモンドは、地球の奥深いところでしか形成されないため、ダイヤモンドの生成される圧力は、かなりのものだそうで、例えると、自分の足の上にゾウが80頭乗っているくらいの圧力だそうですよ。……なかなか想像が難しいですね。

さらに、ダイヤモンドは地球の奥深いエネルギーをしっかりと蓄えているため、パワフルです。そのパワフルさは、もちろんオーラにも、かなり良い影響を与えてくれますよ。

宝石を身に着けることに抵抗がある場合は、パワーストーンブレスレットでもよいですし、スワロフスキーなどの、本物でなくてもよいので、輝くものを身に着けるようにしましょう。

輝くものを身に着けることで、オーラのトーンが上がるのはもちろん、何より、邪気などのマイナスエネルギーを反射し、遠ざけてくれますよ。

耳元には、揺れるタイプのピアスやイヤリングを着けると、女性力がアップし、情報をキャッチしやすくなると言われています。

また、指輪を着ける指で、意味合いが変わってくるそうです。

私自身は、左手の中指と右手の薬指には、必ず着けています。

左手の中指は、インスピレーションを高めるとか、人の気持ちを察するとか、魔除けの意味があると聞いたので、仕事にピッタリだと思いました。

右手の薬指は、心の安定や、自分らしくいられるそうです。個人的には、ロマンスを大切に……というか、目に入るたびに、女性であることを意識できる指であると感じています。そこにリングが輝いていれば、なおのことよいでしょう。
両手の中指に着けるのは、なんだか、仕事モードが全開になりそうなので、自分なりの調整です。

個人的にジュエリーは大好きなので、大振りでも普段づかいしており、着ける石は、ダイヤモンド、パールが主です。ダイヤモンドは、前述したとおりの理由から、魅せられ続けています。パールは女性性を引き出してくれますし、顔まわりを明るく見せてくれるので、大粒のピアスはよく着けています。

過去の私は、「ジュエリーは男性から贈られるもの」と思い込んでいたのですが、シングルになった時に、フランスのジュエラー「メゾン・ショーメ」で、自分のためにリングを購入しました。
たまたま、友人と銀座でランチをとった後に、友人からのリクエストでメゾン・ショーメに伺ったところ、私が運命の出会いをしてしまったのでした。

メゾン・ショーメは、1780年にパリで創業後、間もなく、時の皇帝ナポレオンの皇后ジョゼフィーヌの御用達ジュエラーとなります。創業から240年間、戦争があった時でも、工場を一度もクローズしたことがないそうで、優美ながらもタフなブランドだと感じました。

さらには、皇后ジョゼフィーヌは「幸運の女神」とも呼ばれており、運命を感じたリングはジョゼフィーヌ・シリーズでしたので、即決に至ったわけです。

また、その翌年には、「アルカダイヤモンド」を別の友人の紹介で知りました。アルカダイヤモンドとは、最高ランクのダイヤモンドを再研磨し、光を100%「完全反射」させる世界一の研磨技術を持ったダイヤモンドのことです。ドイツのEAVというエネルギーバランス測定器を用いて、「私の波動」と共鳴する唯一のダイヤモンドを、見つけ出し、ジュエリー加工してくれるという、素晴らしいダイヤモンドです。

ご紹介いただいた時はタイミングではなかったのですが、2020年の10月に、インスピレーションを受け、友人にお願いして、青山にある東京サロンへ訪問し、私に合うダイヤモンドが見つかりました。

それはそれは、清水の舞台から飛び降りるようなお買い物でしたが、購入を決めてからは、運気の流れがさらに良い方へ変わったと強く感じています。

ジュエリーでもアクセサリーでも、着けた時に、心の状態と出来事などがどんな感じなのか、よく観察することをお勧めします。

着けていると、元気になる、人間関係がスムースにいくなど、良いことが起こるジュエリーは、相性が良いので、もちろん運気アップにもなります。

気を付けたいのは、アンティークジュエリーです。どこの誰が身に着けていたのかわからないものは、私は、自分の身には着けないようにしています。

人一倍、感受性が強いこともあり、違和感のあるものを身に着けることによって、自分のオーラのトーンや波動が下がる、運気が落ちることは、極力避けたいと思っています。

ジュエリーに限らず、洋服でも化粧品でも、身に着けるものと、口に入れるものには、かなり慎重です。

なぜなら、それらによって自分の全てが創られていくからです。ストイックではありませんが、マイナスに傾き過ぎないよう、バランスを大事にしています。

あなたも、光り輝くものの力を借りて、オーラをさらに輝かせ、運気アップしてくださいね。

第5章　オーラに良い影響を与えながら運気アップ

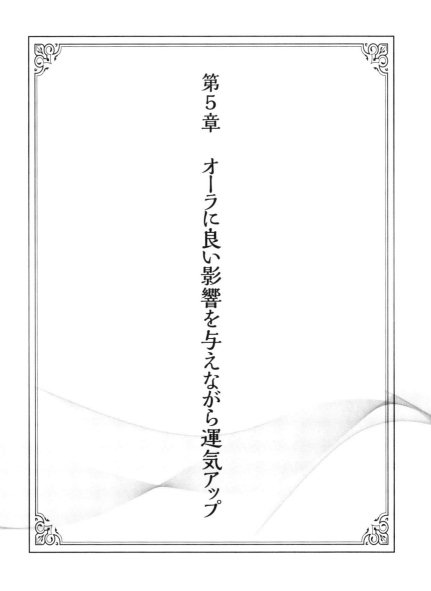

1 正しい順番で正しい方法を続ければ夢は叶います

開運して運気アップすることや夢を叶えることには、多くの人が興味を持たれていると思います。

近年ではパワースポット巡りと称し、神社で御朱印をもらうことが流行り、昔と比べて、様々なタイプの御朱印帳が販売されていますね。

個人的に神社参拝に夢中になったのは、2004年くらいからで、それこそ、観光名所に行った感覚で、御朱印を集めていたことが懐かしいです。あの頃は、今のように、こんなに神社が賑わうとは思ってもみませんでした。

スピリチュアルと精神世界、宗教は、近しい場所にありますが、私の活動には、宗教は、一切絡んでおりません。

生まれながらのクリスチャンなので、時折、教会へ祈りに行くことがありますが、神社仏閣への参拝もしています。

私が参拝する目的は、実は、運気を上げるためではありません。

良い子ぶるわけではありませんが、感謝を伝えるとか、目標を宣言するとか、どちらかというと、自分との絆を深め、パワーチャージするための場所として行っています。その結果として、いざという時には見えない存在のサポートに恵まれていると思います。

ですので、できれば、早朝で、人の少ない時間帯とか、平日で混み合わない時間帯に、ゆっくり時間をかけて過ごしたいというのが本音です。

夢を叶えるためには、パワースポットへ出向く前に、した方がよいことがいくつかあります。

神頼みは悪くありません。本当に必要な願いは叶うものです。しかし、残念ながら、ギャンブルで儲けたいとか、宝くじで高額当選などの願いは、叶う確率がぐーんと下がります。

理由は簡単です。その願いに対するあなたの想いが宿りにくく、そのための具体的な方法が見つからないからです。いわば、人任せ、運任せの状態だからです。

例えば、小さくても会社を興して社長となり、数名でも従業員を雇い、社会へ還元したいという夢を持つとします。

これを読んだだけで、イメージが湧きませんか？　仕事内容は具体的ではありませんが、願望のゴールが見えているので、進みやすいでしょう。

明確な意図を持ち、その道を歩むと決めるだけで、願望達成までの、道のりはグーンと縮まります。

どこか他人任せだと、なかなか夢を現実に手にすることは難しいようです。

最速で願いを叶えたいならば、まずは、「無理なく、ワクワク想像できる願い事」を決めることですよ。そして私が28歳頃に願ってしまったような「結婚できなくてもかまいません」というような代替案は言わないことです。そんな条件を出さなくても願いは叶うからです。自分の可能性や宇宙を信じてください。

もしも、「あなたがお金持ちになりたい」という願いを持っているとしましょう。

例えば、あなたの仕事が、営業職だとします。クライアントの契約が増えることで成果報酬を得られるのであれば、「○○件の契約を取れますように」と願いを設定した方が、想像もしやすいですし、今すぐに何をすればよいかがわかります。ですので、この手の願いは叶いやすいのです。

しかし、あなたの中のお金持ち像が、あなたの現状からはあまりにもかけ離れたイメージの場合は、現在の自分と夢との距離が、離れすぎているので、気持ちの上で難しいと決めつけてしまい、なかなか前進できないでしょう。

まず、現実と夢との間の距離を縮めることが大切なのです。

例えば、現在の住まいが古くて小さい一軒家だとします。生まれてこのかた、マンション暮らしはしたことがなく、タワーマンションへの憧れは強いが、まるで別世界のものだと感じているとしましょう。

その場合は、まずは、部屋を実際に見せてもらうことが、順番では先になります。モデルルームへ、実際に足を運び、タワーマンションからの景色を楽しみ、そこで生活したらどんな感じだろうと、ワクワクしながら想像し、味わい尽くすのです。

一度行ったくらいでは、なかなか感覚がつかめない場合は、何度も足を運び、自分の感覚になじませましょう。現場へ出向くことで、実際にかかる費用などの検討がつくので、目標を設定することができますね。

脳科学についての本にも書かれていることですが、脳は、目の前の出来事を、現実だと錯覚しやすい特徴を持っているので、そこをうまく活用するのです。オーラと潜在意識と脳は、とてもよく似た特徴を持っていますから、使わない手はないでしょう？

そのためには、まず、五感をフル活用します。五感でキャッチした感覚は、すべて、オーラや潜在意識、そして、脳へ送られるからです。

オーラも潜在意識も脳も、現実と夢との違いや、正しい・間違いの違い、善悪などの判断ができないと言われています。

だからこそ、体験することは、自分の感覚に落とし込める、絶好のチャンスなのです。


私が鑑定セッションでよくお勧めする方法は、「恋愛をうまくいかせたければ、ハッピーエンドの映画を何度も観てください」というものです。何度も観て、楽しい恋愛の感覚をオーラにインプットするのです。

その時のポイントは、まるで映画の主人公になったつもりで、ハッピーを味わい尽くすのですよ。決して、斜に構えて、こんなこと実際にあるわけないじゃん！なんて思いながら観ていたら、効果は半減します。

この目的は、前述したタワーマンションの話と同じ仕組みです。

素敵な恋愛をしている自分の理想と、現実との距離を感覚的に縮めていくのです。そうしながら、実際に、ヘアスタイルやメイク、ファッションを研究し、女性としての魅力をアップさせましょう。

すでに既婚者であっても、そういう前向きな意識を持って行動することで、夫婦仲は円満に復活します。

この方法を知って活用している受講生様やお客様は、皆さん、パートナーやご主人様から、大切に愛され続けていますよ。

願望達成、夢を叶えるプロセスは、ワクワクする方が楽しく理想的ですが、ただ待っているだけでは、残念ながら、何も変わることはありません。

でも、**正しい方法を知り、順番通りに続けていけば、いつの間にか叶っている**のです。

「棚ぼた」は、行動しているあなたへの「宇宙からのご褒美」です。最初から待ちの姿勢でいても、棚からぼた餅は落ちてきません。

ミラクルやマジックは、行動の先に待っています。

どれだけ楽しく、行動を続けられるかがポイントなので、あなたなりの楽しい方法を生み出して、今すぐ始めましょう。

2 オーラの仕組みと対策

ここまで読んでこられて理解されていることと思いますが、オーラのゴミを取り、活性化させていくほど、現実的にも良い変化が起こります。

オーラをクリアにするだけで、勝手にオーラが輝き出し、動きも軽やかになるのです。

頭の中はスッキリと考えがまとまっているので、実際に、視界が明るくなったと言われる人もいるほど。

全ての人が、100％そうなるという保証はできませんが、嬉しいお声はこれまでたくさんいただいてきました。

オーラについて語る時には**「クリアにすること」**と**「今・ここ・この瞬間を生きること」**は外せません。

「今、ここ、この瞬間」にしか、未来は生まれないからです。

もしも、あなたが、過去のことばかり思い出している時間が多ければ、あなたのエネルギーは、今ではなく、過去を生きていることと同じになります。

過去の栄光にすがり続けている人は、必然的に、過去の自慢話ばかりになり、現在の自分は、まるで満たされていないような感覚を味わっています。結果的に、自己評価も上がらず、退屈な毎日を送ることになるのです。


反対に、過去の失敗に囚われ続けている人は、反省だけにとどまらず、自責を続け、オーラにはそのエネルギーがべったりと張り付き、波動は重くなり、再び似たような状況を作ってしまいます。

引き寄せるというより、自ら、そういう状況を生み出してしまうのです。

どちらの例も、過去を生きていることが、成長を止めてしまっています。


人生は、成功することだけが目的ではなく、体験するための実践の場でありますが、人生のページをめくる、つまり、ステージを上げるには、体験後の受容と学びが、大きなポイントになるのです。

過去の失敗であっても、そこから学び、次につなげようと考えることで、その課題は、クリアしたことになります。

ですから、いつまでも悔やみ続けることなどは、しなくていいのですよ。失敗した時は、反省を1時間以内に終わらせ、失敗しないよう心に刻み、次に進むことを決めればよいのです。

同じ失敗を繰り返す人は、失敗したことを受け入れきれていない状態です。失敗を受け容れること自体に、抵抗があるので、それがブロックになり、前進することを妨げています。

エネルギーレベルで、そのブロックを取る方法がありますが、一時的に取れたとしても、外部からのことなので、すぐ元に戻ってきてしまいます。ですので、エネルギーワークと、受け入れ作業の両方を同時進行で行うことが理想です。

自分自身で、なぜ受け入れたくないのか？を探りましょう。理由を理解できるだけでも心が軽くなりますよ。

物事の考え方は、シンプルイズベストです。なかなか前進できないタイプの人たちのオーラを観察すると、内側に絡まった糸の塊のようなイメージがたくさん見えることがあります。物事を難しく考える癖があるのでしょう。

それと、人生を勝ち負けで判断するほど、損なことはないと思います。その昔、若くして亡くなった恋人は、二代目社長でした。先代社長の存在があまりにも大きく、常に葛藤を抱えていたように思います。そんな彼の口癖の一つに「負けて勝て」というのがありました。要は、一歩譲って、心では優位に立っていればよいという考えです。

今、思い返すと、だから彼はストレスが絶えなかったのだろうと思います。理由は、言葉と心が同じではないからです。

きっと彼は、正々堂々と戦い、勝ちを取りたかったけれど、それよりも、長いものに巻かれることや世間の評価を優先したのでしょう。

一度しかない人生です。本当は、もっと、のびのびと生きてよいのです。

のびのびと生きていない人のオーラは、常に萎縮しています。オーラが萎縮していると、現実の物事の展開が、なかなかうまく進みません。

萎縮しているオーラの人に共通するのは、「陰」のエネルギーに依存しがちだということです。

依存症には、買い物やアルコール、ギャンブル、薬物などがあり、それらは、あまりにも身近で、すぐ手に入るものもたくさんあります。

私自身、30代の初め頃にアルコール依存だと指摘され、14年間断酒を続けた経験があります。3年ほど前から普通に飲酒していますが、以前のような無茶な飲み方はできませんし、したくもありません。

断酒し続けた頃、私なりに、依存について考えてみました。これは、あくまでも持論ですが、人はもともと、何かに依存しなければ、生きていけないのではないでしょうか。

依存する対象が、仕事なのか、勉強なのか、ボランティアなのか、はたまた、アルコールなのか、セックスなのか、ショッピングなのか、麻薬なのかで、印象はまったく違ってきます。

依存する内容によって、ポジティブな依存か、ネガティブな依存の評価を自分に下しているのです。

確かに、アルコールをたくさん摂ることで、理性をなくし、暴力的になり、他人を傷つけるようだと、それは人として対策を取るべきです。しかし、楽しく飲むことが好きで、酒量を控えることもせず、勝手に病気になるのは自己責任で済ませられます。

ちなみに、アルコール依存の見極めについては、ブラックアウトと言って飲酒時の記憶が一時的に意識喪失する頻度が多くなるのは、危険とされているようです。お酒を飲んだ時の、自分の行動を記憶していないとは、やはり怖いことです。

飲酒後、自分の行動をコントロールできない人を観察していると、オーラに、自分以外のエネルギーが入っていることがほとんどです。自分をプロテクションできていないので、乗っ取られていると言った方がイメージしやすいでしょうか。

そうなりやすい人の特徴は、自分軸を持っていないタイプの人。そして、優柔不断で、長いこと、精神的に抑圧され続けてきた人などです。

心は「こうでなければならない」とか「～しなければならない」に、がんじがらめに囚われていることが多いようです。

自分にも他人にも厳しいので、心の中は、常にジャッジしている状態です。休むことを自分に許可できないので、心が休まる時がありません。自分をがんじがらめにしているせいか、お酒を飲んだ時に、悪い意味で開放的になり、止められないといった具合でしょうか。

朝、目覚めて、前日のことを思い出そうとするけれど、断片的にしか思い出せずに、自己嫌悪に陥ります。自責を続け、孤独の穴に入り込み、精神的苦痛に絶えられなくなり、また飲酒をし、同じことを繰り返すという負のループにはまってしまうのです。

それとは別の話ですが、憑依体質の人も、お酒の席や盛り場では、気を引き締めて過ごしましょう。私もそうなのですが、憑依体質の人も、酩酊する可能性は高いので、気を付けることをお勧めします。

アルコール依存のことがわかれば、そのための対策を用意することが大切です。酒量を決めておき、それ以上は飲まないようにするとか、同伴者のペースに巻き込まれないようにすることも大事なことです。

アメジストというパワーストーンは、身を守ってくれたり、悪酔いを防いでくれる石なので、お守りとして、ペンダントで身に着けています。

私は、お酒の席に出かける時は、いつも以上に、光り物を身につけ、オーラのトーンを落とさないように気をつけます。

粗塩《あらじお》をポケットに入れて持ち歩くこともよいでしょう。

何より、あなたがお酒に酔って、乱れる姿は、決してエレガントではありませんから、まずは、そういう状態にならないと自ら決意することです。

あなたがこの先、「どう在りたいのか」が明確であれば、セーブできることではないでしょうか。

3 運気上昇するオーラを作るための日常的ケア

美オーラをケアするためには、日々の瞑想を続けることが理想ですので、以前は定期的に瞑想のレッスンを開催していました（現在はオンラインで開催）。

しかし、多くの受講生様から「先生の誘導だとうまくできるのですが、自宅では一人でするのは、なかなか難しいです」との声を多くいただきました。

そこで、瞑想以外にも、日常生活の中で美オーラケアができる方法を模索し、実践を繰り返して、自分なりの体系ができあがってきました。

ここでは、日常的にオーラケアに使えるアイテムをご紹介したいと思います。

まず、バスタイムにできる方法として、バスソルトをバスタブに入れる方法です。

自分の商品の宣伝になってしまい恐縮ですが、私がプロデュースしたローズブレンドソルトが、一番のお勧めです。

以前は、原材料にはオーストラリア産のロックソルトを使用していましたが、2020年秋より、イタリアシチリア産のロックソルトに変更しました。

そこへ世界最高峰と言われる、ブルガリアの谷のローズ精油、有機ゼラニウム、有機ラベンダーの3種類の最強ブレンドで仕上げています。

天然の成分のみで、化学的なものは入っておらず、化粧品登録をしている安心・安全なバスソルトです。

この香りは、女性のみならず、男性にも好評いただいており、ご家族で使用していただいております。

こちらの最強ブレンドを用いて、赤ちゃんから大人まで使える、泡フォームやボディミストなども美オーラのために作りました。

私自身、旅先や出張先に持参するほど、この香りをとても気に入っており、365日、毎日のバスタイムに使用しています。発売からずっと使用していますが、不思議と飽きないのです。

おかげさまで、お子様や男性にも好評をいただき、ご家族みんなで、ご利用いただいているお客様がどんどん増え続けて嬉しい限りです。

使い方は、一掴みほどのバスソルトをバスタブに入れ、ゆっくり入浴していただくだけで、オーラがクリアになります。

ポイントは、バスタブに、頭も身体もつけて、宙を見ながら深呼吸を繰り返します。吐く時には、オーラの中にある不要なエネルギーを吐き出すイメージで、反対に、吸う時は、良い香りとともに、シャンパンゴールドの高次のエネルギーをオーラに取り入れるイメージを繰り返しましょう。

もしも、ご家族と共有などで、バスタブに頭までつけるのが難しければ、洗面器に、少量のバスソルトを溶かしたお湯を、頭頂からかけ流してみてください。

塩分を強く感じるので、最後に、通常のお湯で流してください。

次に、オーラのために常備しているアイテムは、白檀か沈香の香りのお線香です。毎朝必ず、起床後、窓を開けてから焚いています。それ以外でも、サロンや住居空間に、不穏なエネルギーを感じた時には、必ず、お線香を焚いています。

そして、クリスタルボウルです。音も、瞬時にエネルギーチェンジしてくれる大切なアイテムです。フロストタイプのクリスタルボウルと、カラーはブルーで素材はピンクダイヤモンドのクリスタルボウル。そして、ラフィングブッダという名のクリスタルボウルを所有しています。

音色も美しいですが、眺めているだけでも幸せな気分になりますよ。

出張や旅先には大きすぎて持ち運べないので、その時はエンジェルチューナーやクリスタルチューナーという、高音が出るアイテムを持っていきます。

余談ですが、十円玉は、優秀ですよ。銅のエネルギーだからかと思うのですが、ホテルの部屋の数カ所に散りばめておくと、マイナスエネルギーが緩和されます。

また、香水やオーラミストも日常に欠かせないアイテムです。

香水は、数種類を季節や気分で使い分けています。若い頃から香りは大好きで、いろんな香りを楽しみました。

１９９９年頃は、「２５ａｎｓ」というファッション誌で人気を集め大活躍されていた叶恭子さんに憧れました。当時、ビバリーヒルズの２７３を愛用されていると紙面で紹介されていたので、20代の私は、グアムへ行った時にその香水を必死で探したことを覚えています。とても大人の官能的な香りでした。

ちなみに、現在は、ディプティックというパリのブランドが大好きで、オードパルファムやボディクリーム、キャンドルなどのアイテムを使用中です。その他にも、ニューヨーク生まれのボンドナンバーナインのセントオブピースも好きな香りです。シャネルのココマドモアゼルのシリーズは、毎年、夏になると使いたくなるので、常備しています。

私がプロデュースしたオーラミストは、バスソルトと同じ香りで作ったアイテムですが、お肌に、直接塗布できる化粧水なので、香りも使い心地も大好評です。チャンスがありましたら使ってみてください。

オーラ鑑定セッションの90分以上のお客様へは、非売品のオーラミストをご用意しています。こちらは、メモリーオイルをベースにして、私がお作りしているものです。「金運」と「ラブ運」の2種類からお選びいただいていますが、こちらのミストも、使用後にミラクルなご報告が多く、ご好評をいただいております。

香り以外には、パワーストーンの原石たちからもパワーをもらっています。サロンには、ドーム型のアメジストの原石を2つほど置いていますし、サロンの玄関には大きなクリスタルの原石その他も多数揃えていて、風水と織り交ぜながら、数々のパワーストーンからもサポートしてもらっています。

その他には、生花を必ず飾ることや、観葉植物を置くこともオーラは喜びます。

アイテム以外のことでは、朝起きたら鉄瓶で沸かしたお白湯を飲むこと、週に何度かは赤身のお肉をいただくことでもオーラは元気になります。

甘いものは大好きですが、ケーキなどは控えめにし、普段は、カカオ75％のチョコレートや、はちみつなどを摂っています。

一時期はベジタリアンやオーガニックにこだわっていたことがありましたが、オーラの純粋培養を目指してしまうと、実際には免疫力が低下することになり、過ごす場所や一緒に過ごす人を厳選せざるを得ないようなライフスタイルになってしまったのです。そこで、数年前から、そういうことは一切やめて、もっとオープンマインドで過ごそうと決めました。アルコールを再開したのも、そういう理由もあります。

一時期は、繁華街さえも線引きして入らないようにしていたのですが、よくよく考えたら、王族でもあるまいし、自分のしていることがなんだかとても滑稽に見えたのです。

「清濁併せ呑む」を理解することで、自分自身のオーラもずいぶんと強くなったのだと思います。

オーラケアの方法を知り、それを繰り返すことで、リカバリー力も身についてきたのもあるでしょう。

守ることばかりでは成長は止まってしまうということも、身をもって体験しました。そう考えると、全ての体験は、ありがたいことですね。

4 占いとの付き合い方

女性の皆さんは、占いが好きな人が多いと思います。私も若い頃から大好きです。

美オーラの考え方では、理想の人生は、自分で想像して、創造できるものですので、基本的には、人生は自分次第でなんとでもなると考えます。

しかし、占いで大まかな流れを知っておくと、行動の指針ができ、進みやすくなるというのは本当です。

人間の身体に、バイオリズムがあるように、運気の流れにも、リズムがあるからです。

例えば、星の流れ的に、この年は新規事業を始めたり不動産購入したりと、アクティブに動き回るよりも、次の年に向けて勉強するなど、エネルギーをチャージした方がよい時期だったとします。

不思議なことに、オーラの状態を良く保っていると、この占いのことを知らなくても、なんとなく感じるものがあるので、自然と、無理をせずに、過ごせたりするのですよ。

しかし、オーラがそうでない場合は、わからずに無理な行動を起こして、失敗してしまうこともあるのです。

とはいえ、人生のすべての決定権は、あなた自身が持っています。人生の主導権はあなたが握っているのです。ですから、占い師にすべてをゆだねるような危険は犯してはいけません。

占いは、行動の指針になるような使い方をすればよいのです。

例えば、大難を小難に抑えるような準備ができるのは、占いの醍醐味です。備えあれば憂いなしなのです。

恋愛の相性を見るような軽い感じの利用の仕方も良いですが、例えば「これから3年間は、どんな動きをするのがベストだろうか？」という感じで利用できると、夢が叶うスピードも速くなると思いますよ。

実際に、美オーラメソッドのコースでは、近い将来になりたい自分像を決めて、一緒にワークを進めていきます。

ただのワークだけでなく、オーラをクリアにし、波動を上げながら、進んでいくので、理想の未来を手に入れるのは、当たり前なのです。

占いに依存してしまうのは考えものですが、使い方によっては、可能性を引き出してくれるだけなく、馬力とスピードを上げてくれるものになりますよ。

ぜひ、あなたのことやあなたの人生について、本気で向き合い、アイデアを出してくれる占い師を選んでくださいね。

5 我が家をパワースポット化して運気を上げる方法

これまで私は、国内外のパワースポットと言われるいろいろな場所へ実際に足を運んできました。

伊勢神宮をはじめ、富士山のたもと、山梨県の富士浅間神社や、金運神社で有名な新屋神社、東京都内では、明治神宮や東京大神宮、豊川稲荷東京別院、長野の戸隠神社、京都の鞍馬山、高野山、沖縄を含む九州の有名な神社など、書ききれないくらいに伺いました。中でも、三重県鈴鹿市にある椿大社へはご縁を感じ、数年前から毎年参拝に行っています。

海外では、アメリカ合衆国にある、地球の第8チャクラと言われるシャスタシティでは、素晴らしい体験に恵まれましたし、ハワイのオアフ島、マウイ島、カウアイ島もそれぞれエネルギーが独特で素晴らしかったです。

パリで偶然立ち寄った「奇跡のメダイ教会」には、ご縁があったことに感激しましたし、ローマのサン・ピエトロ大聖堂も思い出深い場所です。台湾は近場なので、それこそ何度も足を運び、寺院巡りや食事を楽しみました。

パワースポットと言われる場所は素晴らしいですし、今後もいろんな場所へ出かけたいと願っています。

しかし、本来は、我が家をパワースポット化するのが、一番良いと思っています。

自分のオーラとお部屋の状態は、リンクしています。お部屋が乱れている時は、心もオーラも、どこかバランスを崩しているのです。

私のように、自宅兼オフィスのスタイルで長年過ごしていると、心地よい環境づくりはなおさら重要です。

一番簡単な方法は、日々の掃除です。床には物を置かないようにし、毎日掃除機をかけるだけでもエネルギーはスッキリします。やる気が出ない時は、窓を開けて掃除機をかけ、お線香を焚きましょう。床には、実際のゴミ以外に、感情のエネルギーなども落ちています。ホコリは邪気とも言われます。掃除機をかけることで不要なエネルギーが減るだけでも、気持ちは前向きになりますよ。

さらに、雑巾がけすると、もっとスッキリするので、お勧めします。

スッキリした空間を増やすほど、気の流れがよくなり、新たな気が入ってきて、必然的に運気が上がります。

いわゆる断捨離もお勧めしますが、何でもかんでも捨てればよいとは思いません。

『毎日がときめくかたづけの魔法』の著者、こんまりさん流に、心が「ときめく」か「ときめかないか」を大事にするべきだと思います。

そういう基準で選んでいくと、物を大事にする心が生まれるのではないでしょうか。

さらに、買い物する段階で、これはずっと大事にしていきたいものかどうかで選ぶようにすると、失敗もグンと減ると思います。

本当に自分が気に入ったお気に入りのもので周りを満たすと決めると、買い物の段階で、もの選びは慎重になりますね。

余談ですが、よく、お財布を定期的に買い換えるとよいと書かれているのを見ることがあるのではないでしょうか。

私も以前は、海外ブランドの財布を定期的に買い換えていました。

ですが、ある時から、それをするのをやめました。確かに、新しいものは気持ちが良いのですが、「これだ」と思う財布と出会ってからは、メンテナンスをしながら、大切に使っています。

それは、エルメスのベアンという名の財布です。綺麗なローズカラーにゴールドの金具で、シンプルですが存在感があります。もちろん私にとっては高価な買い物でしたし、メンテナンス料金もなかなかの価格ですが、このお財布は縁起が良く、引き寄せ力が高いので、手入れをしながら、大切に使っています。

縁起の良いものと出会う時は、購入する時期が大切です。お金にご縁のある

「寅の日」や「巳の日」、「天赦日」や「一粒万倍日」といった吉日も視野に入れますが、実は、購入する時の「自分の波動」が一番大事にすべきポイントだと気が付いてからは、そこに注意するようにしています。

先ほどのお財布とは別に、シャネルのチェーンウォレットを持っているのですが、実は、私の波動や運気が低下している時期に出会っていました。

このお財布を購入した後は、まず、お財布にお金のエネルギーをなじませ（入るだけのお札を入れて、使い始めるまで寝かせる）、波動チューニングをした後に使いはじめましたが、ある時、どうも出費が増えていることに気がつきました。

そこで、鑑定セッション時にプレゼントしている非売品の金運のミストを、財布にふりかけ、外側も内側も、綺麗に拭いてから、入るだけのお札を入れて、長い期間、寝かせました。

自分の運気が良い流れに入ったと感じた時に、使用を再開しましたら、今では、出費も少なくなり、安心して使えています。

この話からもわかるように、ハイブランドのお財布だからといって、金運が上がるわけではありません。購入する時は、自分のオーラ状態と、運気の流れが良い時にしましょう。

自分のオーラが理想的な輝きを放っている時は、それに見合ったものと出会うことができます。

私自身は、数多くの物を所有したいとは思いませんが、ひとつひとつのアイテムは、慎重に選びたいし、本当に気に入ったものなら、たとえ高価であっても、多少背伸びをしてでも手に入れたいと考えています。

確かに、その時は、清水の舞台から飛び降りるような気持ちなのですが、そういうアイテムを身につけるようになると、発するオーラもポジティブに変化するので、結果的に、出会う人や場所、出来事もポジティブに変化していきます。

6 自信を取り戻す方法

「美オーラ」を意識して、自分のオーラを輝かせ、外部からのパワーも取り入れ、掛け算のイメージで加速させることで、理想の人生を歩むことが可能になります。

オーラには、これまで生きてきた情報はもちろんのこと、目に見えない「心の状態」や「考え方のパターン」なども如実に現れます。毎晩バスソルトのお風呂に入ったり、ミストを使用するといったオーラケアも大切ですが、やはり、自分の内側にあるマインドを整えることは、それ以上に大切です。

例えば、目の前の現実に不満を抱いているなら、外側に原因を探すより、まずは、あなたのオーラと心の状態を整えていきましょう、ということです。

自分自身をはじめ、オーラ鑑定セッションやレッスンにお越しになる皆さんと接してきて、よくわかることですが、普段からの心の状態と考え方、そして行動で、運気が上がるか、下がるかが決まるようです。

運気が下がっている時に共通していることは、自責の念、罪悪感や猜疑心《さいぎしん》にとらわれる、または自己評価が低いなど、ネガティブなエネルギーに支配されている状態です。

実際には強運な星をお持ちでも、自分に対する評価が低ければ、実力を発揮できずに終わってしまいます。

たとえ、良い流れにいる時でも、自責の念や罪悪感が強ければ、目の前の現実は、一向に良くなることはありません。

せっかく理想のパートナーと巡り合っても、猜疑心にとらわれてばかりいては、二人の関係は、発展どころか、失うことになってしまいます。

自信とは、自分を信じることなのですが、意味を理解できていても、なかなか自分を信じられない時もあると思います。過去の失敗に、心が支配されていれば、自分を信じることは難しく感じられます。

子供の頃にいじめられた経験や信じていた人からの裏切りなどの経験がそんな心境を作っているのかもしれません。

物事が調子よく進めば、だんだん自信が出てくるけれど、反対に良くないことが続けば、自信をなくしてしまうでしょう。

私も過去に、自信がなくなり、どんどん運気が低下していった経験があります。その時はオーラのことから離れようかな？なんて考えていたものですから、低下のスピードは早まるばかりでした。

自信がなくなった時に、私が強く握りしめていたエネルギーは「恐れ」でした。シングルになり、東京に行き、新しい自分をつくっていこうという思いの裏側には、失敗したらどうしようという怖さでいっぱいでした。

しかし、外見的には、そういう感情を持っていると思われることは少なく、「あなたならできるわよ」「ただ、こうすれば大丈夫だからね」と、方法を教えられ、励ましていただきましたが、内心では恐れが強く、なかなか前に進むことができませんでした。そして、お金がどんどん減っていく現状に、ますます恐れのエネルギーは増えていきました。

そこで、ＮＬＰ（Neuro Linguistic Programing　神経言語プログラミング）、別名「脳と心の取扱説明書」とも呼ばれる心理学と出会い、学びました。そこでは、感情が解放されたのか、多分、過去最高なくらいに、自分のためにたくさんの涙を流しました。一度は、講義中のワークの中で、声をあげて号泣したことがあり、クラスメイトから「ともちゃんがそんなに感情豊かだとは思わなかったよ」と、言葉をかけてもらいました。講師からも「ともさんはもっと泣いた方がいいですね」と言われたことが印象深いです。

大きな浄化だったのでしょう。とにかくよく泣いた一年間でした。

その後、長崎に戻ってからの日々は、東京での出来事を振り返り、毎日、反省と自責ばかりを繰り返していました。自分の失敗をなかなか許すことができなかったのです。

しかし、たくさんの方の力をお借りしながら、自分のパワーを少しずつ取り戻すことができたのです。

自信とは自分を信じることです。

言葉で言うのは簡単ですが、私自身、恐れに支配されている時は、とにかく自分を信じることは難しく感じられ、どうしようもなく途方にくれる感じでした。

その時に、対策として私がしたことは、まず、私に対して少しでもマイナスな言葉をかける人から距離を置くことでした。相手は言ったことを気にしていなくても、こちらの心の状態がマイナスに傾きがちな時は、些細な言葉でも落ち込んでしまいます。言葉は想像以上に強いエネルギーを持っていて、オーラにつき刺さる感じで残る場合もあるので、リカバリーが大変です。

また、信頼できる家族や友人に、自分の良い部分を教えてもらう方法も試みました。

私の場合は、案外単純な性格なので、褒められるとがんばれるところがあり、言葉のプラスのパワーを取り入れることができました。もしも近くにそんな人たちがいなければ、性格の優しい、褒め上手なカウンセラーや占い師を見つけて、自分の魅力を教えてもらうとよいですよ。どんな人にでも、素敵な部分はありますから、大丈夫です。

もちろん、ダメ出しのみで終わるような占い師はやめておきましょう。

私も長年オーラ鑑定をしていますが、ダメ出しのみでは終わらないように気を付けています。状況が悪くなった原因をお伝えしますが、その後には、良くなるための方法と、必ずあなたならできると、励ましを伝えることを忘れないようにしています。

少し回復してきたら、過去の成功体験を紙に書き出して確認する方法も有効でした。これをするだけでも、「私ってホントはすごいかも」と希望が湧いてきますよ。ポイントは、成功体験を書き出す時に、どんな小さな成功体験も見逃さないで全部書き尽くすことです。

それを元に、自分用のアファメーションを作り、毎朝、鏡を見ながら唱えたりノートに書き連ねることを続けました。

そのワークと同時に、自分に対しても、他人に対しても、「期待を手放すこと」を課しました。

私たちが傷つく時は、実は相手に対して過剰に期待していることが多いのです。

また、自分が頑張らなきゃと思う時は、実は内心では、人の期待に応えなければダメだと思い込んでいるのです。期待に応えられない自分は認められない、などの思い込みはやめましょう。自分が勝手に作り出しただけの「期待」のエネルギーにあまりにも振り回されないようにしましょう。

自分からも、相手に期待しすぎない。その代わりに、相手の期待に応えることばかりにエネルギーを使いすぎない、という具合です。

そして、一番重要な「美オーラのための瞑想」を、日常生活に復活させました。

この目的は、グラウンディング強化とオーラのクリアリング、そして、オーラを輝かせるワークです。

これについては、次項でお伝えしますね。

7 オーラケアのワーク

透視能力スクールでにオーラと出会って以来、そこで習得した瞑想法を続けています。

できれば誘導瞑想の音声を聞きながら瞑想するとやりやすいのですが、ここでは誘導音声なしで瞑想する方法をお伝えします。

まず、瞑想をする場所とタイミングですが、私は、静かに落ち着けるお部屋、もしくはバスルームにしています。特にバスタイムにバスルームでする瞑想がお気に入りです。

清潔なバスルームは、水のエレメントにあふれており、邪気を洗い流すことができるから、集中しやすいですよ。慣れていないうちは、ヘアもボディも綺麗に洗ってから、バスソルトを入れたバスタブのへりに腰掛けてすることをお勧めしています。長時間になると、ヒップが痛くなるのが難点ですが、よかったら試してみてくださいね。

普通のお部屋でもバスルームでも同様ですが、美オーラのための瞑想は、床に、直接座るスタイルではなく、椅子に腰掛けるスタイルでしてください。

座ったら、太股の上に、手のひらを上に向けて置きます。

目を閉じて、まずは、息を大きく吐いてから、次に、鼻から吸って、そして、またゆっくり吐くという具合に、深呼吸を繰り返します。

姿勢は、肩の力を抜いて、リラックスした状態で、背筋を伸ばします。両足の裏は、しっかり地面（床）につけましょう。

次に、グラウンディングをします。第一チャクラと言われるところ（男性は肛門あたり、女性はもう少し会陰寄り）から、自分のエネルギーを、骨盤と同じくらいの大きさのしっかりしたエネルギーをイメージしながら、まっすぐ地球の中心に向かって下ろしていきます。

地球の中心に向けて、エネルギーを下ろすイメージをすると、エネルギーはそのように動いてくれます。できれば、自分の意識そのものは、頭の中心に置いておいて、エネルギーのみを下ろすイメージです。

地球の中心はマグマが燃えたぎっているイメージですが、そこをさらに通り抜けると、地球のコアな部分、クリスタルの原石がキラキラと輝いているようなイメージが私にはあり、そこの部分へ自分のエネルギーを下ろし、定着させます。

自分のエネルギーを下ろす時には、例えば、木の幹がぐんぐん下へ伸びていく様子をイメージして、地球の中心に根っこを張るようにしてみてもよいでしょう。または、大きな長いチェーンやケーブルが伸びていき、船が錨を下ろすようなイメージや、コンセントにプラグを差し込むようなイメージなど、あなたが想像しやすい感じで下ろしましょう。

その作業が完了したと思えたら、グラウンディングは成功です。エネルギーの世界では、作業をした時に、どれだけ本当にできたように感じられるかで結果が変わります。

グラウンディングコードを下ろしたら、地球の中心にあるパワフルなエネルギーをほんの少しだけ、足の裏にあるフットチャクラから吸収していきます。フットチャクラから吸収したエネルギーが足全体を通って、先ほどの第一チャクラに到達したら、今度はグラウンディングコードを通して、地球の中心に戻していきます。

その時に、自分の中にある不要なエネルギーもグラウンディングコードに流してしまいましょう。不要なエネルギーとは、溜まっている、怒り、悲しみ、イライラなどのネガティブな感情や、反対に、舞い上がりすぎている期待感やワクワク感などのポジティブに傾きすぎている感情です。これらを地球の中心に流して手放してしまうのです。

ポジティブなエネルギーも手放すなんてどうして？と思われるでしょう？

それは、ネガティブでもポジティブでもない、「中庸」でいることが望ましいからです。陰陽のどちらにも傾きすぎず、常に、中庸であることができれば、自分の感情に振り回されて苦しむことが少なくなります。慣れるまでは大変かもしれませんが、続けていくと、偏りに気付くことも早くなり、偏りに気付いたら、元に戻せばよいだけなので、気持ちの浮き沈みがだんだん少なくなってきますよ。

次に、第一チャクラから背骨の中心を通って、エネルギーを引き上げていきます。頭頂部にある第7チャクラ（クラウンチャクラ）から、エネルギーを上にどんどん伸ばしていきます。

天井を突き抜け、雲を突き抜け、ぐんぐん上に向かって、エネルギーを伸ばしていきます。そして、宇宙の中心にエネルギーが到達したら、エネルギーの道はそのままにして、真っ直ぐ、自分の肉体の方へ宇宙エネルギーを運びます。

頭頂から宇宙エネルギーを取り込み、第一チャクラまで下ろしてくると、地球のエネルギーと出会って混ざり合い、体の中に天地を通る真っすぐな軸ができることになります。その状態を、自分軸ができたセンタリングの状態と呼んでいます。

このワークに慣れると、始めてから2分もかからないくらいで、自分軸ができ上がります。

この状態で、今度は、オーラに体の表面から45センチ以内に寄ってくるよう指示します。そして、手のひらで内側からオーラの形を卵形に整え、オーラを足の下まで伸ばし、卵型のオーラに肉体がすっぽり入るようにします。

その卵型のオーラの内側が、宇宙からのシャンパンゴールドのエネルギーでいっぱいになるようイメージしてください。そして、シャンパンゴールドのエネルギーを使って、卵型のオーラをどんどん分厚くしていきましょう。

その上に、宇宙の愛のエネルギーであるマゼンタカラーのエネルギーでコーティングしてあげます。

瞑想を終えて目を開ける前には、上半身を前に倒し、頭や肩に乗った余分なエネルギーを落としてから、ゆっくり目を開けましょう。

このワークを続けることで、日に日に、オーラは強くなりますよ。

一日の最後のバスタイムでこのワークをしたら、夜は安心してぐっすり眠れるようになったとのお声をたくさんいただきました。

また、朝起きてこのワークをすると、朝の時間に余裕が持てるようになったとか、人混みでも疲れにくくなったなどのお声もいただいています。

オーラは、常に変動しているので、何もせずに卵型を保つのは難しいのですが、慣れてくると、このワークは、どこでもできるようになるし、手を動かさなくてもイメージだけでも可能になります。

何かが変だなと思ったら、すぐにオーラを整えるだけでも、心身ともに疲れ方が違ってくるので、お勧めします。

これに慣れると、瞑想中に具現化のワークをすることや、自分に対して、より深いヒーリングをすることも可能になります。

あとがき

この本が出る頃には、私は「神戸」で新しい生活を始めているはずです。

実は、本を出版することは、2019年2月に決まったのですが、何と、それから3回も書き直しています。

書き上がるまでの約1年半で、私自身、大きな変化を体験し、おかげで少しは成長できたようです。

第5章の「自信を取り戻す方法」にも書きましたが、2017年からの3年間で、最も、自分の心のなかで向き合ったエネルギーは「恐れの感情」でした。

それは辛く、苦しい時間でしたが、今思い返すと、大切な体験でした。

２０２０年の前半は、コロナウィルスにより、ライフスタイルの変更や人間関係の変化を体験したのは、私だけではないと思います。

しかし、コロナ禍により、死を改めて意識した時に、私の中の「使命をまっとうしたい」という情熱がむくむくと湧き上がりました。

その気持ちと直感に従い、仕事をいち早くオンラインに切り替えたことにより、おかげで需要は増えました。

不思議なことに、「恐れの感情には支配されない自分」を取り戻していたのです。


そんな流れの中、「神戸」というワードが、やけに気になるようになり、色々な人との会話の中でも出てくるようになりました。

そこで、インスピレーションに従い、10月前半に、思い切って神戸へ出かけてみたのです。

すると、あれよあれよと、素敵な人とのご縁をいただいたり、再会を果たせたり、面倒見の良い不動産屋さんと知り合い、理想的な物件がすぐに見つかるという、驚くほどのスピード感で進みました。

どう考えてもこれは、目に見えない力や存在のお導きだと感じずにはいられませんでした。

とにかくこれは、「美オーラ」習慣がベースになっている、ミラクルストーリーだと確信しました。

だからこそ、この本を手に取ってくださったあなたにも、ぜひ「美オーラ」習慣をお勧めいたします。


私がオーラの存在を知った2006年頃は、オーラの話をする人は、「変な人」扱いでした。

実際に、理解されずに悔しい思いを味わったことは、一度や二度ではありません。

今では、普段の会話の中でも「あの人はオーラがある」とか、雑誌では「オーラをまとう」などと表現され、身近な存在になりました。

2006年からオーラを学び、研究と実践をし続け、こうして、オーラについての本を書ける日が来るなんて……、これも、すごいミラクルです。

私は、出会う方々にはとても恵まれており、その時々にご縁のある人が、手を差し伸べてくださり、私の背中を押してくれたように思います。

本当は、これまで出会った皆さん、お一人おひとりの名前を書きたいくらいですが、大変なことになってしまうので、お顔を思い浮かべながら、感謝の気持ちをお伝えしたいと思います。

私と出会い、関わってくださったすべての皆様へ、この場を借りて御礼申し上げます。

そして。

どんな時でも、私を信じ、サロンをご利用くださった大切な受講生様たちと、オンラインショップをご利用くださるお客様方、本当にありがとうございます。

辛い時に、時間を共にし、心を支えてくれた大切な友人たちや、いつどんな時でも、愛情たっぷり接してくれる家族たちの存在は、本当にありがたかったです。

本の出版が決まり、原稿が書き上がるまで、1年半以上かかりましたが、辛抱強くお待ちくださった担当者様には感謝しかありません。

何度も書いてしまいますが、皆様、本当にありがとうございます。

2020年は、未曾有の緊急事態を体験し、これまでの常識が通用しなくなりました。

現在、私の中に、「恐れ」が全くないわけではありません。

ですが、見る角度を変えることで、明るい未来に向かって成功する人生を歩めるのだと実感しています。


オーラの研究と実践は、これからも続いていきます。オーラを輝かせ、「美オーラ」レディが増えれば、身近なパートナーやご家族に良い影響を与えることができます。

「美オーラ」な人がどんどん増え、広がることで、明るい社会になると信じていると同時に、愛と光、笑顔に溢れた世界になることを願ってやみません。

美オーラを知った「今・ここ・この瞬間」から、あなた自身、素敵なオーラを発揮し続ける人になって、ぜひ地球を明るいオーラでいっぱいにしてください。

共に成長しあい、豊かな人生を歩んでいきましょう。

最後までお読みいただきましたこと、心より感謝申し上げます。

2020年10月

東京の夜景と共に。　新たな扉が開いたばかりの九重友美より

九重友美（ここのえ・ともみ）

美オーラ・クリエイター
Pure Heart サロンオーナー
長崎市出身、神戸市在住。
2003年11月、元恋人の一周忌の夜に起こった「神秘体験」がきっかけとなり、オーラや精神世界について深く学び続ける。
2007年4月、長崎市眼鏡橋のそばにヒーリングショップ＆サロンPure Heartをオープン。
24歳で抱えた借金1000万円を完済後、30歳からプラスの人生に展開した体験を交えながら、オーラ鑑定セッションやセミナーでは、再現性のある方法を教え、好評を得ている。
目に見えないオーラを現実的に活用し、外見も美しく変化させながら、愛とお金と縁に恵まれる【美オーラメソッド】では、理想の人生を歩み始める受講生様が続出している。
※「美オーラ」は九重友美の商標登録です。

ウェブサイト	https://kokotomo.online/
オンラインブティック	https://kokonoe.theshop.jp/
ブログ	https://ameblo.jp/kokonoe-tomomi/

オーラを美しくすると成功する
愛とお金と縁に恵まれる「美オーラ」習慣のすすめ

2020年12月6日　初版第1刷発行

著　者　九重友美（ここのえ ともみ）

装幀・組版　株式会社 RUHIA

発行者　高橋秀和

発行所　今日《こんにち》の話題社《わだいしゃ》
東京都品川区平塚2-1-16 KK ビル 5F
TEL 03-3782-5231　FAX 03-3785-0882

印　刷　平文社
製　本　難波製本

ISBN978-4-87565-657-9 C0077

オーラを美しくすると成功する

愛とお金と縁に恵まれる

「美オーラ」習慣のすすめ